Marie de France | Lais

# Marie de France

# Lais

Guigemar · Bisclavret · Lanval ·
Yonec · Laüstic · Chievrefoil

Altfranzösisch / Deutsch

Herausgegeben von Philipp Jeserich

Reclam

RECLAMS UNIVERSAL-BIBLIOTHEK Nr. 19182

Gestaltung: Friedrich Forssman, Cornelia Feyll
Gesamtherstellung: Reclam, Ditzingen. Printed in Germany 2015

ISBN 978-3-15-019182-8
www.reclam.de

# Inhalt

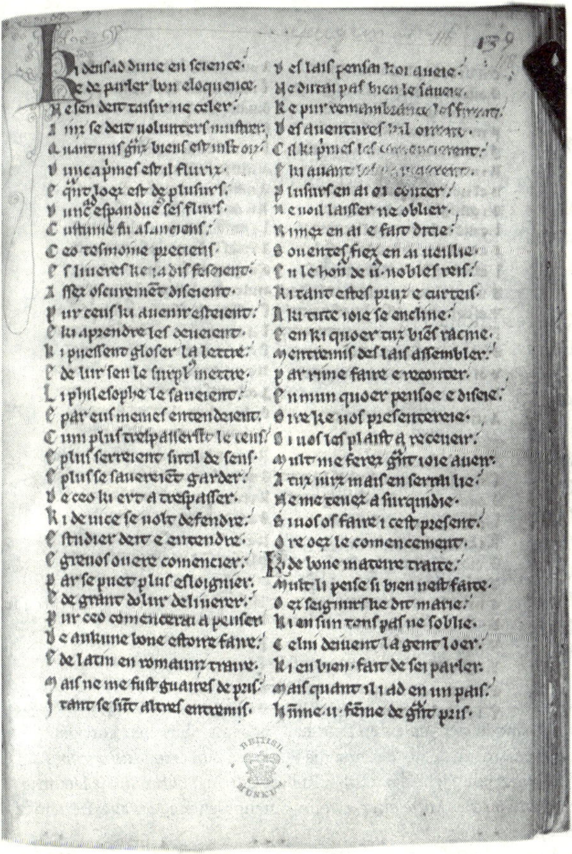

139

Ki deus ad duné escience
E de parler bon eloquence
Ne s'en deit taisir ne celer
Ainz se deit voluntiers mustrer
Quant uns granz biens est mult oiz
Dunc a primes est il fluriz
E quant loez est de plusurs
Dunc ad espandues ses flurs
Custume fu as anciens
Ceo testimoine Preciens
Es livres ke jadis feseient
Assez oscurement diseient
Pur ceus ki a venir esteient
E ki aprendre les deveient
Ki peussent gloser la lettre
E de lur sen le surplus mettre
Li philesophe le saveient
Par eus meismes entendeient
Cum plus trespassereit le tens
Plus serreient sutil de sens
E plus se savreient garder
De ceo ki ert a trespasser
Ki de vice se volt defendre
Estudier deit e entendre
E grevos ovre comencier
Par se puet plus esloignier
E de grant dolur delivrer
Pur ceo comencerai a penser
De aukune bone estoire faire
E de latin en romaunz traire
Mais ne me fust guaires de pris
Itant se sunt altres entremis
Des lais pensai k'oi aveie
Ne dutai pas bien le saveie
Ke pur remembrance les firent
Des aventures k'il oirent
Cil ki primes les comencierent
E ki avant les enveierent
Plusurs en ai oi conter
Ne voil laisser ne oblier
Rimez en ai e fait ditie
Soventes fiez en ai veillie
En le honur de vus nobles reis
Ki tant estes pruz e curteis
A ki tute joie se encline
E en ki quoer tuz biens racine
M'entremis des lais assembler
Par rime faire e reconter
En mun quoer pensoe e diseie
Sire kes vos presentereie
Si vos les plaist a receveir
Mult me ferez grant joie aveir
A tuz jurz mais en serrai lie
Ne me tenez a surquidie
Si vos os faire icest present
Ore oez le comencement
Ki de bone mateire traite
Mult li peise si bien n'est faite
Oez seignurs ke dit Marie
Ki en sun tens pas ne s'oblie
Celui deivent la gent loer
Ki en bien fait de sei parler
Mais quant il ad en un pais
Humme u femme de grant pris



Der Beginn des Prologs im Ms. London, British Library, Harley 978, fol. 139r

# Prolog

Ki Deus ad duné escïence [139a]
E de parler bone eloquence
Ne s'en deit taisir ne celer,
Ainz se deit voluntiers mustrer.
Quant uns granz biens est mult oïz,
Dunc a primes est il fluriz,
E quant loëz est de plusurs,
Dunc ad espandues ses flurs.
Custume fu as ancïens,
Ceo testimoine Precïens,
Es livres ke jadis feseient,
Assez oscurement diseient
Pur ceus ki a venir esteient
E ki aprendre les deveient,
K'i peüssent gloser la lettre
E de lur sen le surplus mettre.
Li philesophe le saveient,
Par eus meïsmes entendeient,
Cum plus trespassereit li tens,
Plus serreient sutil de sens
E plus se savreient garder
De ceo k'i ert a trespasser.

---

**1** Es handelt sich um einen Exordialtopos mit biblischen Vorlagen, etwa Matth. 25,14–30, der hier die Funktion einer *captatio benevolentiae* erfüllt. Siehe dazu Ernst Robert Curtius: *Europäische Literatur und lateinisches Mittelalter*, zweite, durchgesehene Auflage, Bern 1954, S. 97.

**2** Priscianus Caesariensis, spätantiker Grammatiker (um 500), Verfasser der *Institutiones grammaticae*.

**3** Gemeint sind die Dichter der heidnischen Antike, die im Mittelalter

## Prolog

Wem Gott Wissen gegeben hat
und Beredsamkeit, [der] darf [diese]
nicht verbergen und [jenes] nicht verschweigen,
sondern soll sich bereitwillig [mit beidem] hervortun.[1]
Wenn ein hohes Gut oft vernommen wird,
dann ist es frisch erblüht,
und wenn es von vielen gepriesen wird,
dann hat es seine Blüten [voll] entfaltet.
Brauch war es bei den Alten,
das bezeugt Priscian[2], dass sie sich
in den Büchern, die sie einst verfassten,
recht dunkel ausdrückten,
damit diejenigen, die nach ihnen kommen und sie [die Bücher]
studieren sollten, den Text kommentieren und
vermöge ihres [eigenen] Verstandes das über den Wortsinn
Hinausgehende hinzuzufügen vermöchten.
Die Philosophen[3] wussten,
und bezogen es [auch] auf sich selbst,[4]
dass sie, je weiter die Zeit fortschreiten würde,
verständiger würden und sich mehr davor zu hüten
vermöchten, [verfälschend] über das hinauszugehen,
was darin [in den Büchern] enthalten war.[5]

---

einer christlichen Kommentierung und Ausdeutung unterzogen wurden.

4 Wörtl.: verstanden für sie selbst.

5 Der in den Versen 9–22 vorgebrachte Gedanke, der für das Verständnis der mit den *Lais* dokumentierten Auffassung von Dichtung von zentraler Bedeutung ist, ist kontrovers gedeutet worden. Siehe dazu, knapp, das Nachwort und die in der Auswahlbibliographie zusammengestellten Beiträge der Forschung.

Ki de vice se voelt defendre
Estudïer deit e entendre
A grevose ovre comencier:
Par ceo s'en puet plus esloignier
E de grant dolur delivrer.
Pur ceo començai a penser
D'aukune bone estoire faire
E de latin en romaunz traire;
Mais ne me fust guaires de pris:
Itant s'en sunt altre entremis!
Des lais pensai, k'oïz aveie. [139b]
Ne dutai pas, bien le saveie,
Ke pur remambrance les firent
Des aventures k'il oïrent
Cil ki primes les comencierent
E ki avant les enveierent.
Plusurs en ai oï conter,
Nes voil laissier ne oblier.
Rimé en ai e fait ditié,
Soventes fiez en ai veillié!

En l'honur de vus, nobles reis,
Ki tant estes pruz e curteis,
A ki tute joie s'encline
E en ki quoer tuz biens racine,

---

**6** Ein weiterer Exordialtopos: vgl. Curtius, *Europäische Literatur und lateinisches Mittelalter*, S. 98.

**7** Die Bemerkung gilt als Indiz dafür, dass die *Lais* das früheste erhaltene Werk Maries sind, verfasst vor den Übertragungen des *Tractatus de Purgatorio sancti Patricii* und des *Ysopet*.

**8** »Plusurs […] conter« kann sich sowohl auf »aventures« als auch auf

Wer sich des Lasters erwehren will,
muss Studien treiben und danach trachten,
ein schwieriges Werk zu beginnen:[6]
Dadurch kann er sich eher davon [vom Laster] fernhalten
und sich von großem Schmerz befreien.
Deshalb dachte ich zunächst daran,
irgendeine gute Geschichte zu verfertigen, sie vom
Lateinischen in die romanische Volkssprache zu übertragen;
aber das würde mir kaum Anerkennung einbringen:
So viele andere haben sich dessen angenommen![7]
Ich dachte an die *lais*, die ich gehört hatte.
Ich zweifelte nicht daran, ja wusste es wohl,
dass diejenigen, die sie zuerst begannen
und sie weiterverbreiteten,
sie zur Erinnerung an außergewöhnliche Begebenheiten
machten, von denen sie gehört hatten.
Einige davon habe ich erzählen hören,[8]
und will sie nicht beiseite lassen und vergessen.
In Reime gefasst habe ich einige davon und eine Dichtung
daraus gemacht,
oft bin ich deshalb wach geblieben!

Euch zu Ehren, edler König,[9]
der Ihr so tapfer und so höfisch seid,
vor dem sich jede Freude verneigt
und in dessen Herzen alle Tugenden wurzeln,

---

»lais« beziehen. Dieser Vers wird mit vv. 42 und 49 als Indiz dafür gelesen, dass der Prolog nach den *lais* verfasst wurde. Zu berücksichtigen ist, dass das Verb *conter* nicht notwendig Narration in Prosa impliziert.

9 In der Forschung besteht weitgehend Konsens, dass der hier angesprochene »nobles reis« Heinrich II. Plantagenet ist.

M'entremis des lais assembler,
Par rime faire e reconter.
En mun quoer pensoe e diseie,
Sire, kes vos presentereie.
Si vos les plaist a receveir,
Mult me ferez grant joie aveir,
A tuz jurz mais en serrai liee.
Ne me tenez a surquidiee
Si vos os faire icest present.
Ore oëz le comencement!

10 Wörtl.: In meinem Herzen.

11 Zu diesem und weiteren Beispielen ›inszenierter Oralität‹ s. Simon Gaunt: »Fictions of orality in Marie de France's *Lais*«, in: S. G.: *Retelling*

machte ich mich daran, *lais* zusammenzutragen,
sie in Reime zu fassen und nachzuerzählen.
In meinem Innersten[10] dachte und sagte ich mir,
Herr, dass ich sie Euch zum Geschenk machen würde.
Wenn es Euch beliebt, sie anzunehmen,
werdet Ihr mir eine große Freude bereiten,
für immer werde ich darüber glücklich sein.
Haltet mich nicht für anmaßend,
wenn ich Euch dieses Geschenk zu machen wage.
Hört nun den Anfang![11]

---

*the Tale: An Introduction to Medieval French Literature*, London 2001, S. 49–70.

# Guigemar

Ki de bone mateire traite,
Mult li peise si bien n'est faite.
Oëz, seignurs, ke dit Marie,
Ki en sun tens pas ne s'oblie.
Celui deivent la gent loër
Ki en bien fait de sei parler.
Mais quant il ad en un païs
Hummë u femme de grant pris,
Cil ki de sun bien unt envie [139c]
Sovent en dïent vileinie:
Sun pris li volent abeissier;
Pur ceo comencent le mestier
Del malveis chien coart, felun,
Ki mort la gent par traïsun.
Nel voil mie pur ceo leissier,
Si gangleür u losengier
Le me volent a mal turner:
Ceo est lur dreit de mesparler!

Les contes ke jo sai verrais,
Dunt li Bretun unt fait les lais,
Vos conterai assez briefment.
El chief de cest comencement,

---

1 Erst die modernen Herausgeber stellen den Titel dem folgenden Prolog (vv. 1–18) voran. Sie können sich dabei nur auf die Handschrift P stützen, die nach dem Ende von *Yonec* den folgenden *lai* mit »C'est li lais de Gugemer« einleitet und dann den Prolog in gegenüber H verkürzter Form wiedergibt. S und N lassen die Verse 1–18 aus. H bindet die Verse 1–26 eng an den vorhergehenden Prolog; der Übergang ist nur

## Guigemar[1]

Wer einen guten Stoff bearbeitet,
den bedrückt es sehr, wenn es nicht gut gelingt.
Hört, ihr Herren, was Marie sagt,
die sich in ihrer Zeit nicht vergisst.[2]
Denjenigen sollen die Leute rühmen,
der im Guten von sich reden macht.
Aber wenn es in einem Land
einen Mann oder eine Frau von hohem Ansehen gibt,
dann sagen ihnen die, die neidisch auf ihren Vorzug sind,
oft Bosheiten nach:
Ihr Ansehen wollen sie herabsetzen;
deshalb beginnen sie das Geschäft
des böswilligen, feigen und arglistigen Hundes,
der Leute hinterlistig beißt.
Keinesfalls will ich [es] deswegen aufgeben,
[auch] wenn Spötter oder Verleumder
es mir zum Schlechten auslegen wollen:
Das ist ihr Recht, üble Nachrede zu führen!

Die Erzählungen, von deren Wahrhaftigkeit ich weiß
[und] nach denen die Bretonen *luis* gemacht haben,
werde ich euch in aller Kürze erzählen.
Ganz zu Beginn werde ich euch,

---

durch eine Initiale gekennzeichnet, die ein wenig größer ist als andere. Es scheint mithin denkbar, dass die Verse 1–18 einen weitgehend unabhängigen Prolog darstellen. Die Verse 21–26 bilden demgegenüber die kurze Einleitung, mit denen die meisten der Lais anheben.

**2** Vgl. vv. 23 ff. des Prologs. Man mag hierin eine erneute Situierung Maries unter den *moderni* sehen.

Sulunc la lettre e l'escriture,
Vos mosterai une aventure
Ki en Bretaigne la Menur
Avint al tens ancïenur.

En cel tens tint Hoilas la tere,
Sovent en peis, sovent en guere.
Li reis aveit un suen barun,
Ki esteit sire de Lïun:
Oridials esteit apelez;
De sun seignur fu mult privez,
Chivaliers ert pruz e vaillanz.
De sa moillier out deus enfanz,
Un fiz e une fille bele.
Noguent ot nun la demaisele,
Guigeimar noment le dancel;
El reaulme nen out plus bel!
A merveille l'amot sa mere [139d]
E mult esteit bien de sun pere.

---

3 Wir stellen hier die Reihenfolge um: »escriture« steht für die schriftliche Quelle, »lettre« für deren Gehalt. Der Vers scheint die Frage aufzuwerfen, ob der Text hier nicht der geläufigen Annahme widerspricht, die *Lais* gingen auf vorrangig mündliche Überlieferung zurück. Die Frage ist berechtigt, bedarf aber der einschränkenden Bemerkung, dass die Berufung auf schriftliche Vorlagen ein Authentisierungstopos ist, der in Chanson de geste und höfischem Roman gleichermaßen geläufig ist. Sie entspricht Maries Insistieren, dass die *Lais* Wahrhaftiges berichten. Vgl. dazu das Nachwort.

4 Bretaigne la Menur, d. h. in der kontinentalen Bretagne, im Unterschied zur Grande Bretagne, England.

5 Vgl. zur Figur Hoël (in H und S) Geoffrey of Monmouths *Historia regum Britanniae* und Waces *Roman de Brut*, wo sie als Neffe und Gefolgsmann Artus' begegnet. Siehe dazu Ernst Brugger: »Eigennamen in

der schriftlichen Quelle und ihrem Inhalt gemäß,[3]
von einer Begebenheit berichten,
die sich in der Bretagne[4]
zugetragen hat, in älterer Zeit.

In jener Zeit hielt Hoilas[5] das Land,
oft im Frieden, oft im Krieg.
Der König hatte unter seinen Baronen einen,
der Herr über Léon war:
Oridial[6] wurde er genannt;
von seinem Lehnsherrn wurde er oft ins Vertrauen gezogen,
ein tapferer und trefflicher Ritter war er.
Von seiner Ehefrau hatte er zwei Kinder,
einen Sohn und eine schöne Tochter.
Der Name des Fräuleins war Noguent,
Guigemar[7] nennen sie den jungen Edelmann;
das Königreich hatte keinen schöneren!
Außerordentlich liebte ihn seine Mutter,
und sehr gut stand er sich mit seinem Vater.

---

den *Lais* der Marie de France«, in: *Zeitschrift für französische Sprache und Literatur* 49 (1926), S. 201–252 und 381–484, hier 216–231. P setzt hier »Artus«, N setzt »Odels«. Der gesamte *lai* weist enge Bezüge (teils bis hin zu wörtlichen Zitaten) vor allem zum *Roman d'Eneas* und dem *Roman de Thèbes* auf, in geringerem Umfang zum *Roman de Brut* und zu einer Reihe weiterer Werke, die in der Edition von Rychner, S. 238–246, dokumentiert sind.

**6** Vgl. zu diesem Namen und zu »Noguent« in v. 36 erneut Brugger, S. 231–236.

7 Den bretonischen Namen Guigeimar (»Guigemar« oder »Guihomar«, mit der ältesten belegten Form »Winhomarch«) tragen im 11. und 12. Jahrhundert mehrere Grafen von Laon. Die ältere Forschung nimmt an, dass sich eine dem *lai* vergleichbare Legende mit einer dieser Personen verknüpfte.

Quant il le pout partir de sei,
Si l'enveat servir le rei.
Li vadlez fu sages e pruz,
Mult se faseit amer de tuz.
Quant fu venu termes e tens
Ke il aveit eage e sens,
Li reis l'adube richement.
Armes li dune a sun talent.
Guigemar se part de la curt;
Mult i dona ainz k'il s'en turt!
En Flaundres vait pur sun pris quere:
La out tuz jurz estrif e guerre.
En Lorreine ne en Burguine,
Ne en Angou ne en Gascuine,
A cel tens ne pout hom truver
Si bon chevalier ne sun per.

De tant i out mespris Nature
Ke unc de nule amur n'out cure.
Suz ciel n'out dame ne pucele
Ki tant par fust noble ne bele,
Se il d'amer la requeïst,
Ke volentiers nel retenist.
Plusurs l'en requistrent suvent,
Mais il n'aveit de ceo talent.
Nuls ne se pout aparceveir
Ke il volsist amur aveir:
Pur ceo le tienent a peri
E li estrange e si ami.

En la flur de sun meillur pris
S'en vait li ber en sun païs

Als der ihn von sich lösen konnte,
schickte er ihn fort, dem König zu dienen.
Der junge Mann war klug und tapfer,
er machte sich bei allen sehr beliebt.
Als der rechte Moment und die Zeit gekommen war[en],
da er das [rechte] Alter erreicht hatte und zu Verstand
gekommen war,
stattete ihn der König reichlich aus.
Waffen gab er ihm nach seinem Begehr.
Guigemar verlässt den Hof;
viele Geschenke macht er noch, bevor er aufbricht!
Nach Flandern geht er, um Ansehen zu erwerben:
Dort war immerzu Kampf und Krieg.
Weder in Lothringen noch in Burgund,
weder in Anjou noch in der Gascogne
konnte man zu jener Zeit einen
so trefflichen Ritter, [konnte man] seinesgleichen finden.

[Doch] so sehr hatte Natur an ihm gefehlt,
dass ihm nie der Sinn nach Liebe stand.
Unter dem Himmel gab es weder Dame noch Jungfrau,
die ihn, wäre sie auch noch so edel und schön,
hielte er bei ihr um Liebe an,
nicht gern in ihren Dienst nähme.
Viele [Damen] warben oft um ihn,
doch er hatte kein Verlangen danach.
Niemand konnte den Eindruck gewinnen,
dass es ihn nach Liebe verlangte:
Deshalb halten ihn für verloren [für die Liebe]
sowohl die Fremden als auch seine Freunde.

In der Blüte seines höchsten Ruhms
geht der Ritter in sein Herkunftsland [zurück],

Veeir sun pere e sun seignur, [140a]
Sa bone mere e sa sorur,
Ki mult l'aveient desiré.
Ensemble od eus ad sujurné,
Ceo m'est avis, un meis entier.

Talent li prist d'aler chacier;
La nuit somunt ses chevaliers,
Ses veneürs e ses berniers;
Al matin vait en la forest,
Kar cil deduiz forment li plest.
A un grant cerf sunt aruté
E li chien furent descuplé.
Li veneür curent devaunt,
Li damaisels se vait targaunt;
Sun arc li portë uns vallez,
Sun ansac e sun berserez:
Traire voleit, si mes eüst,
Ainz ke d'iluec se remeüst.
En l'espeise d'un grant buissun
Vit une bise od un foün;
Tute fu blaunche cele beste,
Perches de cerf out en la teste.
Pur l'abai del brachet sailli:
Il tent sun arc, si trait a li!
En l'esclot la feri devaunt,
Ele chaï demeintenaunt;

---

8 »berserez«, wörtl.: Jagdhund, der zuweilen bei der Jagd auf dem Sattel getragen worden zu sein scheint; die in Tobler/Lommatzsch zitierten Kontexte legen aber nahe, dass der Begriff auch Ausrüstungsgegenstände des Jägers bezeichnet, so, wie hier, den Köcher.

um seinen Vater und seinen Lehnsherrn,
seine gute Mutter und seine Schwester zu sehen,
die ihn sehr herbeigesehnt hatten.
Bei ihnen hat er sich,
so scheint mir, einen ganzen Monat aufgehalten.

Die Lust ergriff ihn, jagen zu gehen;
[noch] nachts befiehlt er seine Ritter,
seine Jäger und seine Treiber herbei;
am Morgen begibt er sich in den Wald,
denn dieses Vergnügen gefällt ihm sehr.
Einem großen Hirsch haben sie nachgestellt,
und die Hunde wurden losgelassen.
Die Jäger laufen voran,
der junge Edelmann geht langsam hinterdrein;
ein Diener trägt ihm seinen Bogen,
sein Jagdmesser und seinen Köcher:[8]
Schießen wollte er, wenn er Gelegenheit hätte,
bevor er sich von dort wieder entfernen würde.
Im Dickicht eines ausgedehnten Unterholzes
sah er eine Hirschkuh mit einem Kalb;
ganz weiß war dieses Tier,
ein Hirschgeweih trug es auf dem Kopf.
Durch das Bellen des Bracken sprang es [das Tier] auf:
Er spannt seinen Bogen und schießt auf es!
An der Stirn[9] traf er es, von vorn,
sofort fiel es;

---

9 »esclot«, wörtl.: Stiefel, mit Godefroy und Tobler/Lommatzsch aber auch die Stirn speziell eines Tieres.

La seete resort ariere,
Guigemar fiert en tel maniere,
En la quisse desk'al cheval,
Ke tost l'estuet descendre aval:
Ariere chiet sur l'erbe drue
Delez la bise k'out ferue!
La bise, ki nafree esteit, [140b]
Anguissuse ert, si se plaineit.
Aprés parla en itel guise:
«Oï! Lase! Jo sui ocise!
E tu, vassal, ki m'as nafree,
Tel seit la tue destinee:
Jamais n'aies tu medecine,
Ne par herbe, ne par racine!
Ne par mire, ne par poisun
N'avras tu jamés garisun
De la plaie k'as en la quisse,
De si ke cele te guarisse
Ki suffera pur tue amur
Issi grant peine e tel dolur
K'unkes femme taunt ne suffri,
E tu referas taunt pur li;
Dunt tuit cil s'esmerveillerunt
Ki aiment e amé avrunt
U ki pois amerunt aprés.
Va t'en de ci, lais m'aveir pés!»

Guigemar fu forment blesciez;
De ceo k'il ot est esmaiez.

---

**10** Tobler/Lommatzsch geht hier von einer Korruption »cheval« statt »charnal« (Fleisch) aus. Der Pfeil träfe dann am Schenkel und dränge bis ins Fleisch.

der Pfeil prallt zurück,
trifft Guigemar derart
am Schenkel und [dringt durch] bis in das Pferd,[10]
dass er gleich absteigen muss:
Nach hinten auf das dichte Gras fällt er
neben die Hirschkuh, die er getroffen hatte!
Die Hirschkuh, die verwundet war,
war verängstigt und klagte.
Dann sprach sie in folgender Weise:
»Weh! Ich Unglückliche! Ich bin tödlich verwundet!
Und Du, Vasall, der Du mich verwundet hast,
solcherart wird Dein Schicksal sein:
Niemals sollst Du ein Heilmittel bekommen,
weder durch ein Kraut noch durch eine Wurzel!
Weder durch eine Heilkundige noch durch einen Trank
wirst Du jemals Heilung erhalten
von der Wunde, die Du am Schenkel hast,
bis diejenige Dich zu heilen vermöchte,
die aus Liebe zu Dir
so große Qual und so großen Schmerz erleiden wird,
wie sie eine Frau noch nie erlitten hat,
und Du dasselbe um ihretwillen erleiden wirst;
dies wird all jene berühren,[11]
die lieben und geliebt haben
oder die später noch lieben werden.
Geh fort von hier, lass mich Frieden haben.«

Guigemar war schwer verletzt;
Über das, was er hört, ist er erschrocken.

---

11 Wörtl.: darüber werden sich all jene wundern.

Començat sei a purpenser
En quel tere purrat aller
Pur sa plaie faire guarir,
Kar ne se voelt laissier murir.
Il set assez e bien le dit
K'unke femme nule ne vit
A ki il aturnast s'amur
Ne kil guaresist de dolur.
Sun vallet apelat avaunt:
«Amis, fait il, va tost poignaunt!
Fai mes compaignuns returner, [140c]
Kar jo voldrai od eus parler.»
Cil point avaunt, e il remaint;
Mult anguissusement se pleint.
De sa chemise estreitement
Sa plaie bende fermement,
Puis est muntez, d'iluec s'en part;
K'esloignez seit mult li est tart:
Ne voelt ke nuls des suens i vienge
Kil desturbast ne kil retienge.
Le travers del bois est alé
Un vert chemin, ki l'ad mené
Fors a la laundë; en la plaigne
Vit la faleise e la muntaigne.
D'une ewe ki desuz cureit
Braz fu de mer, hafne i aveit.
El hafne out une sule nef,
Dunt Guigemar choisi le tref.

---

12 Zu dieser Übersetzung des Futur s. Ernst Gamillscheg: *Historische französische Syntax*, Tübingen 1957, S. 387 f.

13 Für »laundë«, offenbar das magere Land am Übergang vom Binnenland zur Küste.

Er begann darüber nachzudenken,
in welches Land er wird gehen können,
um seine Wunde heilen zu lassen,
denn er will sich nicht dem Tod überlassen.
Er weiß wohl und sagt es auch,
dass er noch niemals irgendeine Frau sah,
der er seine Liebe zuwenden
und die ihn von Schmerz heilen könnte.
Er rief seinen Diener heran:
»Freund«, sagt er, »galoppiere schnell!
Lass meine Gefährten zurückkommen,
denn ich möchte mit ihnen sprechen.«[12]
Jener sprengt davon, und er bleibt zurück;
sehr verängstigt beklagt er [seine Lage].
Mit seinem Hemd verbindet er
seine Wunde straff und fest,
dann ist er aufgesessen und zieht davon;
er hat es sehr eilig, sich zu entfernen:
Er will nicht, dass irgendeiner der Seinen ankomme,
der ihn aufzuhalten oder zurückzuhalten vermöchte.
Quer durch den Wald ist er geritten
auf einem grünenden Weg, der ihn hinaus
auf die Heide[13] geführt hat; in der Ebene
erblickte er die Steilküste und das [Küsten-]Gebirge.
Zum Gewässer, das unterhalb lag:[14]
Es war ein Meeresarm, einen Hafen gab es da.
Im Hafen lag ein einziges Schiff,
dessen Mast Guigemar erblickte.

---

14 Wörtl.: zum Wasserlauf, der unten vorbeifloss.

Mult esteit bien apparillee;
Defors e dedenz fu peiee,
Nuls hum n'i pout trover jointure.
N'i out cheville ne closture
Ki ne fust tute de benus:
Suz ciel n'at or ki vaille plus!
La veille fu tute de seie:
Mult est bele ki la depleie!
Li chivaliers fu mult pensis:
En la cuntree nel païs
N'out unkes mes oï parler
Ke nefs i peüst ariver.
Avaunt alat, si descent jus,
A graunt anguisse munta sus.
Dedenz quida hummes truver, [140d]
Ki la nef deüssent garder:
N'i aveit nul ne nul ne vit.
En mi la nef trovat un lit
Dunt li pecul e li limun
Furent a l'ovre Salemun
Taillié a or, tut a triffoire,
De ciprés e de blanc ivoire.
D'un drap de seie a or teissu
Ert la coilte ki desus fu.
Les altres dras ne sai preisier,
Mes tant vos di de l'oreillier:
Ki sus eüst sun chief tenu
Jamais le peil n'avreit chanu.

---

**15** Im Afrz. Singular.

**16** D. h.: als Einlegearbeit ausgeführt. Nigel Abercrombie: »A Note on a Passage in *Guigemar*«, in: *Modern Language* Review 30 (1935), S. 353,

Sehr gut ausgestattet war es,
von außen und innen war es kalfatert,
niemand konnte da eine Fuge finden.
Da gab es keinen Pflock und keinen Beschlag,
die nicht ganz aus Ebenholz wären:[15]
Unter dem Himmel gibt es kein Gold, das wertvoller ist!
Das Segel war ganz aus Seide:
Sehr schön ist es, wenn jemand es entfaltet!
Der Ritter war sehr nachdenklich:
Er hatte noch nie davon reden hören,
dass in der Gegend oder in dem Land
Schiffe anlegen könnten.
Er ritt voran und steigt ab,
sehr ängstlich ging er an Bord.
Im Innern dachte er Männer zu finden,
die das Schiff bewachen sollten:
Es gab dort aber keine, und er sah niemanden.
Mitten auf dem Schiff fand er ein Bett,
dessen Pfosten und Rahmen,
aus Zypressenholz und weißem Elfenbein,
nach der Kunstfertigkeit Salomons[16]
mit Gold belegt waren.
Aus einem golddurchwirkten Seidenstoff
war die Auflage, die darauf lag.
Den Wert der anderen Laken weiß ich nicht zu schätzen,
aber so viel sage ich euch über das Kopfkissen:
Wer seinen Kopf darauf gelegt hätte,
würde niemals weiße Haare bekommen.

---

weist auf die auffallende Parallele der Beschreibung zum Hohelied des Salomo (3,9 f.) in der Vulgata hin.

Li coverturs de sabelin
Vols fu de purpre alexandrin.
Dui chandelabre de fin or
(Li pire valeit un tresor!)
El chief de la nef furent mis;
Desus out deus cirges espris:
De ceo s'esteit il merveilliez.
Il s'est sur le lit apuiez;
Repose sei, sa plaie doelt.
Puis est levez, aler s'en voelt;
Il ne pout mie returner:
La nefs est ja en halte mer!
Od lui s'en vat delivrement,
Bon oret out e suëf vent:
N'i ad nïent de sun repaire!
Mult est dolenz, ne seit ke faire!
N'est merveille se il s'esmaie,
Kar grant dolur out en sa plaie.
Suffrir li estuet l'aventure; [141a]
A Deu prie k'en prenge cure,
K'a sun poeir l'ameint a port
E sil defende de la mort.
El lit se colche, si s'endort.
Hui ad trespassé le plus fort:
Ainz le vesprë ariverat
La ou sa guarisun avrat,
Desuz une antive cité,
Ki esteit chiefs de cel regné.
Li sires ki la mainteneit
Mult fu vielz hum, e femme aveit,
Une dame de haut parage,
Franche, curteise, bele e sage.

Die Decke aus Zobelpelz
war mit alexandrinischem Purpur gefärbt.
Zwei Kandelaber aus reinem Gold
([schon] der geringere war einen Schatz wert!)
waren am Bug des Schiffes angebracht;
darauf waren zwei Kerzen angezündet:
Darüber hatte er sich gewundert.
Er hat sich auf das Bett gelehnt;
er ruht sich aus, seine Wunde schmerzt.
Dann ist er aufgestanden, aufbrechen will er;
er konnte [jedoch] nicht mehr umkehren:
Das Schiff ist schon auf hoher See!
Mit ihm fährt es schnell fort,
gutes Wetter hat es und einen sanften Wind:
An seine Rückkehr ist da nicht zu denken!
Er ist sehr bekümmert und weiß nicht, was er tun soll!
Es ist kein Wunder, dass er sich sorgt,
denn große Schmerzen hatte er in seiner Wunde.
Er muss ertragen, was auch immer geschehen mag;
zu Gott betet er, dass er sich seiner annehme,
dass er ihn in seiner Allmacht zu einem Hafen leite
und ihn so vor dem Tod bewahre.
In das Bett legt er sich und schläft ein.
Heute hat er das Schlimmste überwunden:
Vor dem Abend wird er anlanden,
wo er Heilung finden wird,
unterhalb einer altehrwürdigen Stadt,
welche die Hauptstadt jenes Königreichs war.
Der Herr, der sie regierte,
war ein sehr alter Mann und hatte eine Frau,
eine Dame von hoher Abkunft,
edel, höfisch, schön und klug.

Gelus esteit a desmesure,
Kar ceo purporte la nature
Ke tuit li vieil seient gelus –
Mult het chascuns ke il seit cous –:
Tels est d'eage le trespas!
Il ne la guardat mie a gas:
En un vergier, suz le dongun,
La out un clos tut envirun;
De vert marbre fu li muralz,
Mult par esteit espés e halz!
N'i out fors une sule entree:
Cele fu noit e jur guardee.
De l'altre part fu clos de mer;
Nuls ne pout eissir ne entrer
Si ceo ne fust od un batel,
Se busuin eüst al chastel.
Li sire out fait dedenz le mur,
Pur mettre i sa femme a seür,
Chaumbre: suz ciel n'aveit plus bele! [141b]
A l'entree fu la chapele.
La chaumbre ert peinte tut entur;
Venus, la deuesse d'amur,
Fu tres bien mise en la peinture;
Les traiz mustrout e la nature
Cument hom deit amur tenir
E lealment e bien servir.
Le livre Ovide, ou il enseine
Comment chascuns s'amur estreine,
En un fu ardant le gettout,
E tuz iceus escumengout

**17** Wörtl.: sehr hasst jeder, dass er ein Hahnrei sein soll.

**18** Wörtl.: Das ist des Alters Weg!

Eifersüchtig war er über die Maßen,
denn dies bringt die Natur mit sich,
dass alle Alten eifersüchtig sein müssen –
jeder hasst es, ein Hahnrei zu sein[17] –:
Dahin führt das Alter![18]
Er bewachte sie keineswegs zum Spaß:
In einem Garten, unterhalb des Burgfrieds,
da befand sich ein rundum eingefriedetes Grundstück;
aus grünem Marmor war das Mauerwerk,
es war sehr dick und hoch!
Es gab da nur einen einzigen Eingang:
Der war Tag und Nacht bewacht.
Auf der anderen Seite war es vom Meer begrenzt;
niemand konnte es verlassen oder betreten,
es sei denn mit einem Boot,
wenn es einen Bedarf geben sollte auf der Burg.
Der Herr hatte innerhalb der Mauer,
um seine Frau darin festzuhalten,
ein Gemach errichtet: unter dem Himmel gab es kein schöneres!
Am Eingang war die Kapelle.
Das Gemach war rundherum bemalt;
Venus, die Göttin der Liebe,
war auf dem Gemälde sehr gut dargestellt;
es führte die Art und Weise vor,
wie man es mit der Liebe halten
und treu und gut dienen soll.
Das Buch Ovids, in dem er lehrt,
wie jeder seine Liebe unterdrücken soll,[19]
das warf sie in ein loderndes Feuer
und belegte alle diejenigen mit dem Bann,

---

**19** Ovids *Remedia Amoris.*

Ki jamais cel livre lirreient
Ne sun enseignement fereient.
La fu la dame enclose e mise.
Une pucele a sun servise
Li aveit sis sires bailliee,
Ki mult ert franche e enseigniee,
Sa niece, fille sa sorur.
Entre les deus out grant amur;
Od li esteit quant il errout.
De ci la ke il reparout,
Hume ne femme n'i venist,
Ne fors de cel murail n'issist.
Uns vielz prestres blancs e floriz
Guardout la clef de cel postiz;
Les plus bas membres out perduz,
Autrement ne fust pas creüz.
Le servise Deu li diseit
E a sun mangier la serveit.

Cel jur meïsme, ainz relevee,
Fu la dame el vergier alee;
Dormi aveit aprés mangier, [141c]
Si s'ert alee esbanïer,
Ensemble od li sul la meschine.
Gardent aval vers la marine;
La neif virent al flot muntant,
Ki el hafne veneit siglant.
Ne veient rien ki la cunduie.
La dame voelt turner en fuie:
Si ele ad poür n'est merveille!
Tute en fu sa face vermeille.

**20** Gemeint sind die Genitalien; der Wächter ist ein Eunuch.

die jemals dieses Buch lesen
oder seine Lehre in die Tat umsetzen würden.
Dort wurde die Herrin eingesperrt und untergebracht.
Eine Jungfrau zu ihren Diensten
hatte ihr Herr ihr gegeben,
die sehr edel und gebildet war,
seine Nichte, Tochter seiner Schwester.
Zwischen den beiden war große Zuneigung;
sie war bei ihr, wenn er reiste.
Bis er zurückkehrte,
vermöchte weder Mann noch Frau dort hinein-
oder aus dieser Einfriedung hinauszugelangen.
Ein alter Priester, weißhaarig und weißbärtig,
verwahrte den Schlüssel zu jener Pforte;
die untersten Gliedmaßen hatte er verloren,[20]
sonst würde ihm nicht getraut.
Er las ihr die Messe
und wartete ihr beim Mahle auf.

An diesem selben Tag, vor dem Nachmittag,
war die Herrin in den Garten gegangen.
Geschlafen hatte sie nach dem Essen
und war dann spazieren gegangen,
bei sich hatte sie nur die Magd.
Sie schauten hinunter auf die Küste;
das Schiff, das in den Hafen gesegelt kam,
erblickten sie bei auflaufender Flut.
Sie sehen niemanden, der es steuert.
Die Herrin will sich zur Flucht wenden:
Es ist kein Wunder, wenn sie Angst hat!
Ihr Gesicht war davon ganz gerötet

Mes la meschine, ki fu sage,
E plus hardie de curage,
La recunfurte e aseüre.
Cele part vunt grant aleüre.
Sun mantel oste la pucele,
Entre en la neif, ki mut fu bele,
Ne trovat nule rien vivant
For sul le chevalier dormant.
Arestut sei, si l'esgarda;
Pale le vit, mort le quida.
Ariere vait la dameisele;
Hastivement la dame apele,
Tute la verité li dit,
Mut pleint le mort que ele vit.
Respunt la dame: «Or i alums!
S'il est morz, nus l'enfuïrums;
Nostre prestre nus aidera.
Si vif le truis, il parlera.»
Ensemble vunt, ne targent mes,
La dame avant e cele aprés.
Quant ele est en la neif entree,
Devant le lit est arestee;
Le chevalier ad esgardé, [141d]
Mut pleint sun cors e sa beuté.
Pur lui esteit triste e dolente
E dit que mar fu sa juvente.
Desur le piz li met sa main:
Chaut le senti e le quor sein,
Ki suz les costez li bateit.
Li chevaliers ki se dormeit
S'est esveillez, si l'ad veüe,
Mut en fu liez, si la salue;

Doch die Magd, die klug
und mutigeren Sinnes war,
tröstet und beruhigt sie.
Dorthin [zum Schiff] gehen sie geschwind.
Ihren Mantel legt die Jungfrau ab,
betritt das Schiff, das sehr schön war,
und fand kein Lebewesen vor
außer dem schlafenden Ritter.
Sie hielt inne und sah ihn an;
sie sah, dass er blass war, für tot hielt sie ihn.
Das Fräulein weicht zurück;
hastig ruft sie die Herrin herbei,
sagt ihr die ganze Wahrheit,
beklagt sehr den Toten, den sie sah.
Die Herrin antwortet: »Nun, gehen wir dorthin!
Wenn er tot ist, werden wir ihn begraben;
unser Priester wird uns helfen.
Wenn ich ihn am Leben finde, wird er sprechen.«
Gemeinsam gehen sie [hin], zögern nicht länger,
die Dame voran und jene hinterher.
Als sie das Schiff betreten hat,
hat sie vor dem Bett innegehalten;
sie hat den Ritter betrachtet
und klagt sehr um ihn und seine Schönheit.
Seinetwegen war sie traurig und schmerzerfüllt
und sagt, dass seine Jugend umsonst war.
Auf die Brust legt sie ihm ihre Hand:
Sie fühlte, dass er warm war und das Herz heil,
das unter seinen Rippen schlug.
Der Ritter, der noch schlief,
ist aufgewacht und hat sie gesehen,
darüber war er sehr erfreut, und er grüßt sie:

Bien seit k'il est venuz a rive.
La dame, pluranz e pensive,
Li respundi mut bonement;
Demande li cumfaitement
Il est venuz e de queil tere
E s'il est eisseliez pur guere.
«Dame, fet il, ceo n'i ad mie.
Mes si vus plest que jeo vus die
La verité vus cunterai,
Nïent ne vus en celerai.
De Bretaine la Menur fui.
En bois alai chacier jehui;
Une blanche bise feri
E la saete resorti;
En la quisse m'ad si nafré,
Jamés ne quid estre sané.
La bise se pleinst e parlat:
Mut me maudist, e si urat
Que ja n'eüsse guarisun
Si par une meschine nun,
Ne sai u ele seit trovee.
Quant jeo oï la destinee,
Hastivement del bois eissi. [142a]
En un hafne ceste nef vi,
Dedenz entrai, si fis folie!
Od mei s'en est la neifs ravie;
Ne sai u jeo sui arivez,
Coment ad nun ceste citez.
Bele dame, pur Deu vus pri,
Cunseillez mei, vostre merci!
Kar jeo ne sai queil part aler,
Ne la neif ne puis governer.»

Er begreift jetzt wohl, dass er an ein Ufer gekommen ist.
Die Dame, weinend und bedrückt,
antwortete ihm sehr freundlich;
sie fragt ihn, wie er
hergekommen ist und aus welchem Land,
und ob er wegen eines Krieges vertrieben [worden] ist.
»Herrin«, sagt er, »das ist es nicht.
Doch wenn es Euch gefällt, dass ich Euch
die Wahrheit sage, dann werde ich sie Euch erzählen,
nichts davon werde ich Euch verschweigen.
Ich stamme aus der Bretagne.
Im Wald ging ich heute jagen;
ich traf eine weiße Hirschkuh,
und der Pfeil prallte zurück;
am Schenkel hat er mich derart verwundet,
dass ich glaube, nie mehr geheilt zu werden.
Die Hirschkuh klagte und sprach:
Sie verfluchte mich sehr, und verdammte mich dazu,
niemals Heilung zu finden,
es sei denn durch eine junge Frau,
ich weiß nicht, wo sie zu finden sein soll.
Als ich mein Schicksal vernahm,
verließ ich hastig den Wald.
In einem Hafen sah ich dieses Schiff,
ich ging an Bord und beging [so] eine Torheit!
Mit mir ist das Schiff davongefahren;
ich weiß nicht, wo ich gelandet bin,
was für einen Namen diese Stadt trägt.
Edle Herrin, um Gottes willen bitte ich Euch,
helft mir, bei Eurer Gnade!
Denn ich weiß nicht, wohin gehen,
noch kann ich das Schiff steuern.«

El li respunt: «Bels sire chiers,
Cunseil vus durai volentiers.
Ceste citez est mun seignur,
E la cuntree tut entur;
Riches hum est, de haut parage,
Mes mut par est de grant eage.
Anguissusement est gelus;
Par cele fei ke jeo dei vus,
Dedenz cest clos m'ad enseree.
N'i ad fors une sule entree.
Uns viels prestre la porte garde:
Ceo doinse Deus que mals feus l'arde!
Ici sui nuit e jur enclose;
Ja nule fiez nen ierc si ose
Que j'en ise s'il nel comande,
Si mis sires ne me demande.
Ci ai ma chambre e ma chapele,
Ensemble od mei ceste pucele.
Si vus i plest a demurer
Tant que vus mielz pussez errer,
Volentiers vus sojurnerum
E de bon queor vus servirum.»
Quant il ad la parole oïe, [142b]
Ducement la dame mercie:
Od li sujurnerat, ceo dit.
En estant c'est dreciez del lit,
Celes li aïent a peine.
La dame en sa chambre le meine;
Desur le lit a la meschine,
Triers un dossal ki pur cortine

---

**21** Wörtl.: kein einziges Mal.

Sie antwortet ihm: »Edler, werter Herr,
gern werde ich Euch Hilfe geben.
Diese Stadt ist [Besitz] meines Herrn,
und die Gegend ringsum;
ein mächtiger Mann ist er, von hoher Abkunft,
aber er ist von sehr hohem Alter.
Beängstigend eifersüchtig ist er;
bei der Wahrhaftigkeit, die ich Euch schulde,
in diese Einfriedung hat er mich gesperrt.
Es gibt nur einen einzigen Eingang.
Ein alter Priester bewacht die Pforte:
Gebe Gott, dass ihn die Höllenglut verbrenne!
Hier bin ich Tag und Nacht eingeschlossen;
nie[21] werde ich so mutig sein,
dass ich da hinausgehe, wenn er es nicht befiehlt
oder mein Herr mich nicht dazu auffordert.
Hier habe ich mein Gemach und meine Kapelle,
bei mir diese Jungfrau.
Wenn es Euch gefällt, so lange zu bleiben,
bis Ihr besser reisen könnt,
wollen wir Euch gern beherbergen
und Euch guten Herzens dienen.«
Als er diese Worte gehört hat,
dankt er der Herrin herzlich:
Er wird bei ihr bleiben, das sagt er.
Er hat sich aufgerichtet, sich vom Bett erhoben,
mit Mühe helfen ihm die beiden.
Die Dame führt ihn in ihr Gemach;
auf das Bett der Magd,
unter einem Baldachin, der als Vorhang

Fu en la chambre apareillez,
La est li dameisels cuchiez.
En bacins d'or ewe aporterent,
Sa plaie e sa quisse laverent;
A un bel drap de cheisil blanc
Li osterent entur le sanc;
Puis l'unt estreitement bendé:
Mut le tienent en grant chierté!
Quant lur mangier al vespre vint,
La pucele tant en retint
Dunt li chevaliers out asez:
Bien est peüz e abevrez!

Mes Amur l'ot feru al vif;
Ja ert sis quors en grant estrif,
Kar la dame l'ad si nafré,
Tut ad sun païs ublié.
De sa plaie nul mal ne sent.
Mut suspire anguisusement.
La meschine kil deit servir
Prie qu'ele le laist dormir;
Cele s'en part, si l'ad laissié,
Puis k'il li ad duné cungié.
Devant sa dame en est alee,
Ki aukes esteit reschaufee
Del feu dunt Guigemar se sent [142c]
Que sun queor alume e esprent.
Li chevaliers fu remés suls.
Pensis esteit e anguissus;
Ne seit uncore que ceo deit,
Mes nepurquant bien s'aparceit,
Si par la dame n'est gariz,
De la mort est seürs e fiz.

in dem Gemach angebracht war,
dorthin wird der junge Ritter gebettet.
In goldenen Becken trugen sie Wasser herbei,
seine Wunde und seinen Schenkel wuschen sie;
mit einem schönen Tuch aus weißem Leinen
entfernten sie ihm ringsum das Blut;
dann haben sie ihn fest verbunden:
Sie versorgen ihn mit großer Aufmerksamkeit!
Als am Abend ihre Mahlzeit kam,
hob die Jungfrau so viel davon auf,
dass der Ritter genug davon bekam:
Gut wird er mit Speis und Trank versorgt!

Doch Liebe hatte ihn schwer getroffen;
nun lag sein Herz in schwerem Kampf,
denn die Herrin hat ihn so verwundet,
dass er sein Land ganz vergessen hat.
Von seiner Wunde her fühlt er keinen Schmerz.
Er seufzt voller Kummer.
Die Magd, die ihm aufwarten soll,
bittet er, dass sie ihn schlafen lasse;
jene entfernt sich auch und hat ihn [in Ruhe] gelassen,
da er sie entlassen hat.
Zu ihrer Herrin ist sie gegangen,
die ziemlich erhitzt war
von [eben] dem Feuer, von dem Guigemar
sein Herz entzündet und entflammt fühlt.
Der Ritter war allein zurückgeblieben.
Er war nachdenklich und bekümmert;
er weiß noch nicht, wohin das führt,
aber dennoch ist ihm wohl bewusst,
dass er, wenn er von der Herrin nicht geheilt wird,
des Todes sicher und gewiss ist.

«Allas, fet il, quel le ferai?
Irai a li, si li dirai
Que ele ait merci e pitié
De cest cheitif descunseillé;
S'ele refuse ma priere
E tant seit orgoilluse e fiere,
Dunc m'estuet il a doel murir
U de cest mal tuz jurs languir.»
Lors suspirat. En poi de tens
Li est venu novel purpens
E dit que suffrir li estoet,
Kar issi fait ki mes ne poet.
Tute la nuit ad si veillé
E suspiré e travaillé.
En sun queor alot recordant
Les paroles e le semblant,
Les oilz vairs e la bele buche
Dunt la dolçur al quor li tuche.
Entre ses denz merci li crie,
Pur poi ne l'apelet s'amie!
Si il seüst qu'ele senteit
E cum Amur la destreineit,
Mut en fust liez, mun esciënt;
Un poi de rasuagement
Li tolist auques la dolur [142d]
Dunt il ot pale la colur.

Si il ad mal pur li amer,
El ne s'en peot nïent loër.

---

**22** Wörtl.: wer nicht weiter kann.
**23** Wörtl.: zwischen den Zähnen.

»Ach«, sagt er, »was soll ich tun?
Ich werde zu ihr gehen und ihr sagen,
dass sie Mitleid und Erbarmen
mit diesem ratlosen Unglücklichen haben möge;
wenn sie meine Bitte zurückweist
und so hochmütig und stolz sein sollte,
dann muss ich jämmerlich sterben
oder für immer mit dieser Krankheit dahinsiechen.«
Dann seufzte er. Kurze Zeit danach
ist ihm ein neuer Gedanke gekommen,
und er sagt [sich], dass er leiden muss,
denn so verhält sich, wer nicht mehr weiter weiß.[22]
Die ganze Nacht hat er so wachgelegen
und geseufzt und geklagt.
In seinem Herzen rief er sich
die Worte und die Erscheinung in Erinnerung,
die leuchtenden Augen und den schönen Mund,
dessen Süße sein Herz berührt.
Mit leiser Stimme[23] fleht er sie um Erbarmen an,
fast nennt er sie seine Geliebte!
Wenn er wüsste, was sie empfand
und wie Liebe sie bedrängte,
dann wäre er darüber, denke ich, sehr glücklich;
ein wenig Linderung
würde ihm etwas von dem Schmerz nehmen,
von dem er den blassen Teint hat.

Wenn er krank ist vor Liebe zu ihr,
kann sie sich dessen [doch] keineswegs rühmen.[24]

---

**24** Gemeint dürfte sein, dass die Dame aus dem Leiden ihres Liebhabers keine Befriedigung zieht, leidet sie doch selbst nicht minder.

Par matinet, einz l'ajurnee,
Esteit la dame sus levee.
Veillé aveit, de ceo se pleint;
Ceo fet Amur, ki la destreint.
La meschine ki od li fu
Al semblant ad aparceü
De sa dame que ele amout
Le chevalier ki sojurnout
En la chambre pur guarisun;
Mes el ne seit s'il l'eime u nun.
La dame est entree el mustier,
E cele vait al chevalier.
Asise s'est devant le lit,
E il l'apele, si li dit:
«Amie, u est ma dame alee?
Pur quei est el si tost levee?»
A tant se tut, si suspira.
La meschine l'areisuna:
«Sire, fet ele, vus amez!
Gardez que trop ne vus celez!
Amer poëz en iteu guise
Que bien ert vostre amur assise.
Ki ma dame vodreit amer
Mut devreit bien de li penser.
Ceste amur sereit covenable,
Si vus amdui feussez estable:
Vos estes bels e ele est bele!»
Il respundi a la pucele:
«Jeo sui de tel amur espris, [143a]
Bien me purrat venir a pis,

**25** Wörtl.: wahrgenommen, bemerkt.

Am Morgen, vor Tagesanbruch,
war die Dame aufgestanden.
Sie hatte wachgelegen, darüber beklagt sie sich;
dies bewirkt Liebe, die sie bedrängt.
Die Magd, die bei ihr war,
hat am Aussehen ihrer Herrin abgelesen,[25]
dass sie den Ritter liebt,
der sich zur Genesung
in dem Gemach aufhielt;
doch weiß sie nicht, ob er sie [auch] liebt oder nicht.
Die Herrin ist in die Kapelle getreten,
und jene geht zum Ritter.
Gesetzt hat sie sich vor das Bett,
und er spricht sie an und sagt zu ihr:
»Freundin, wohin ist meine Herrin gegangen?
Warum ist sie so früh aufgestanden?«
Dann verstummte er und seufzte.
Die Magd sprach zu ihm:
»Herr«, sagt sie, »Ihr liebt!
Gebt Acht, dass Ihr Eure Gefühle nicht zu sehr verbergt![26]
Ihr könnt auf solche Weise lieben,
dass Eure Liebe sehr gelegen kommen wird.
Wer meine Herrin lieben möchte,
sollte sehr gut von ihr denken.
Diese Liebe wäre in Ordnung,
wenn Ihr beide beständig wärt:
Ihr seid schön und sie ist schön!«
Er antwortete der Jungfrau:
»Ich bin von solcher Liebe entbrannt,
sie wird mir noch zum Schaden gereichen,

---

**26** Wörtl.: Euch nicht zu sehr verbergt.

Si jeo n'ai sucurs e aïe.
Cunseillez mei, ma duce amie:
Que ferai jeo de ceste amur?»
La meschine par grant duçur
Le chevalier ad conforté
E de s'aïe aseüré,
De tuz les biens qu'ele pout fere;
Mut ert curteise e deboneire.

Quant la dame ad la messe oïe,
Ariere vait, pas ne s'ublie;
Saveir voleit quei cil feseit,
Si il veillout u il dormeit,
Pur ki amur sis quors ne fine.
Avant l'apelat la meschine,
Al chevalier la feit venir;
Bien li purrat tut a leisir
Mustrer e dire sun curage,
Turt li a pru u a damage.
Il la salue e ele lui;
En grant effrei erent amdui.
Il ne l'osot nïent requere;
Pur ceo qu'il ert d'estrange tere
Aveit poür, s'il li mustrast,
Qu'el l'enhaïst e esloinast.
Mes ki ne mustre s'enferté
A peine en peot aveir santé.
Amur est plaie dedenz cors
E si ne piert nïent defors;
Ceo est un mal ki lunges tient,
Pur ceo que de Nature vient.
Plusur le tienent a gabeis, [143b]
Si cume cil vilain curteis

falls ich nicht Beistand und Hilfe finde.
Ratet mir, meine gute Freundin:
Was soll ich mit dieser Liebe anfangen?«
Die Magd hat den Ritter
mit großer Sanftheit getröstet
und ihrer Hilfe versichert,
aller guten Dienste, die sie ausrichten konnte;
sie war sehr zuvorkommend und gütig.

Nachdem die Herrin die Messe gehört hat,
geht sie zurück, sie säumt nicht;
wissen wollte sie, was jener tat,
ob er wachte oder schlief, [jener,]
um dessen Liebe willen ihr Herz sich immer weiter [quält].
Heran rief sie die Magd,
heißt sie mit zu dem Ritter zu kommen;
nach Belieben wird sie ihm
ihre Herzensgründe eröffnen und darlegen können,
ob es ihr nun zum Nutzen oder zum Schaden gereiche.
Er begrüßt sie und sie ihn;
in großer Aufregung waren beide.
Er wagte es keineswegs, um sie anzuhalten;
weil er aus einem fremden Land war,
hatte er Angst, dass sie, wenn er sich ihr offenbaren würde,
Hass gegen ihn entwickeln und ihn fortschicken würde.
Doch wer seine Krankheit nicht offenbart,
kann kaum Heilung erlangen.
Liebe ist eine innerliche Wunde
und zeigt sich äußerlich nicht;
sie ist eine Krankheit, die lange anhält,
weil sie von Natur kommt.
Viele machen sich darüber lustig,
wie jene gemeinen Höflinge,

Ki jolivent par tut le mund,
Puis s'avantent de ceo que funt.
N'est pas amur, einz est folie,
E mauveistié e lecherie!
Ki un en peot leal trover
Mut le deit servir e amer
E estre a sun comandement.
Guigemar eime durement:
U il avrat hastif sucurs,
U li esteot vivre a reburs.
Amur li dune hardement,
Il li descovre sun talent:
«Dame, fet il, jeo meorc pur vus!
Mis quors en est mut anguissus:
Si vus ne me volez guarir,
Dunc m'estuet il en fin murir.
Jo vus requeor de druërie:
Bele, ne m'escundites mie!»
Quant ele l'at bien entendu,
Avenaument ad respundu;
Tut en riant li dit: «Amis,
Cist cunseilz sereit trop hastis
D'otrïer vus ceste priere:
Jeo ne sui mie acustumiere.
– Dame, fet il, pur Deu merci!
Ne vus ennoit si jol vus di:
Femme jolive de mestier
Se deit lunc tens faire preier
Pur sei cherir, qui cil ne quit
Que ele eit usé cel deduit;

---

27 Zu »drüerie« s. Dubuis (1992).

die sich durch die ganze Welt hindurch vergnügen
und sich dann dessen rühmen, was sie tun.
Das ist keine Liebe, sondern Torheit
und Schlechtigkeit und Unzucht!
Wer einen treuen [Liebhaber] finden kann,
der soll ihm ganz dienen, ihn lieben
und zu seinem Befehl sein.
Guigemar liebt heftig:
Entweder wird er schnell Hilfe bekommen,
oder er muss leben, obwohl er [eigentlich] sterben will.
Liebe gibt ihm Mut,
er eröffnet ihr sein Begehren:
»Herrin«, sagt er, »Euretwegen sterbe ich!
Mein Herz ist deshalb in großer Bedrängnis:
Wenn Ihr mich nicht heilen wollt,
dann muss ich schließlich sterben.
Ich halte bei Euch um Liebe[27] an:
Schöne, weist mich nicht ab!«
Als sie es wohl vernommen hat,
hat sie liebenswürdig geantwortet;
lachend sagt sie ihm: »Freund,
dieser Entschluss, Euch diese Bitte zu gewähren,
wäre zu voreilig gefasst:
Daran bin ich keineswegs gewöhnt.«
– »Herrin«, sagt er, »um Gottes willen, Gnade!
Es möge Euch nicht verdrießen, wenn ich Euch das sage:
Eine von Berufs wegen leichtfertige Frau
muss sich lange bitten lassen,
um hoch geschätzt zu werden, auf dass der andere nicht glaube,
dass sie dieses Vergnügen [bereits] genossen habe;

Mes la dame de bon purpens, [143c]
Ki en sei eit valur ne sens,
S'ele treve hume a sa maniere,
Ne se ferat vers lui trop fiere,
Ainz l'amerat, s'en avrat joie.
Ainz ke nuls le sachet ne l'oie
Avrunt il mut de lur pru fait.
Bele dame, finum cest plait!»
La dame entent que veir li dit
E li otreie sanz respit
L'amur de li, e il la baise.
Des ore est Guigemar a aise:
Ensemble gisent e parolent
E sovent baisent e acolent.
Bien lur covienge del surplus,
De ceo qui li autre unt en us!
Ceo m'est avis, an e demi
Fu Guigemar ensemble od li;
Mut fu delituse la vie.
Mes Fortune, ki ne s'oblie,
Sa roe turnë en poi d'hure:
L'un met desuz, l'autre desure.
Isse est de ceus avenu,
Kar tost furent aparceü.

Al tens d'esté, par un matin,
Just la dame lez le meschin.
La buche li baise e le vis,
Puis si li dit: «Beus duz amis,

---

**28** Die Rede Guigemars mag als kritischer Kommentar zum Konzept ›höfischer‹ Liebe zu lesen sein.

aber eine Herrin von edler Herkunft,
die Tugend und Verstand haben soll,
wird sich, wenn sie einen Mann nach ihrer Art findet,
ihm gegenüber nicht allzu stolz zeigen,
sondern wird ihn lieben und daran Freude finden.[28]
Bevor es jemand erfährt oder davon hört,
werden sie viel zu ihrem Genuss getan haben.
Schöne Herrin, beenden wir diesen Disput!«
Die Dame begreift, dass er die Wahrheit spricht,
und gewährt ihm ohne Aufschub
ihre Liebe, und er küsst sie.
Von nun an ergeht es Guigemar wohl:
Sie liegen beisammen und plaudern
und küssen und umarmen sich oft.
Was den Rest angeht, das, was bei anderen [Liebenden]
üblich ist, das sei [allein] ihnen überlassen!
Wie mir scheint, war Guigemar
eineinhalb Jahre mit ihr zusammen;
sehr köstlich war das Leben.
Doch Fortuna, die nicht müßiggeht,
dreht ihr Rad geschwind:[29]
Den einen setzt sie hinab, den anderen herauf.
So ist es jenen [beiden] ergangen,
denn bald wurden sie entdeckt.

Zur Sommerszeit, an einem Morgen,
lag die Dame neben dem Jüngling.
Den Mund küsst sie ihm und das Gesicht,
und sagt ihm dann: »Teurer, lieber Freund,

---

29 »en poi d'hure«, wörtl.: in wenig Zeit.

Mis quors me dit que jeo vus pert:
Seü serum e descovert.
Si vus murez, jeo voil murir;
E si vis en poëz partir,
Vus recoverez autre amur [143d]
E jeo remeindrai en dolur.
– Dame, fet il, nel dites mes!
Ja n'eie jeo joie ne pes,
Quant vers nule autre avrai retur!
N'aiez de ceo nule poür!
– Amis, de ceo m'aseürez!
Vostre chemise me livrez;
El pan desuz ferai un plait:
Cungié vus doins, u ke ceo seit,
D'amer cele kil defferat
E ki despleier le savrat.»
Il li baile, si l'aseüre.
Le plet i fet en teu mesure,
Nule femme nel deffereit,
Si force u cutel n'i meteit.
La chemise li dune e rent.
Il la receit par tel covent
Qu'el le face seür de li;
Par une ceinture autresi,
Dunt a sa char nue la ceint,
Par mi le flanc aukes l'estreint:
Ki la bucle purrat ovrir
Sanz depescier e sanz partir,
Il li prie que celui aint.
Puis la baisë, e taunt remaint.

Cel jur furent aparceü,
Descovert, trové e veü

mein Herz sagt mir, dass ich Euch verliere:
Wir [unsere Liebe] werden bekannt und entdeckt werden.
Wenn Ihr sterbt, möchte ich sterben;
und wenn Ihr lebend davonkommen könnt,
werdet Ihr wieder eine andere Liebe finden,
und ich werde trauernd zurückbleiben.«
– »Herrin«, sagt er, »sprecht nicht weiter!
Nie mehr soll ich Freude oder Frieden finden,
wenn ich mich je einer anderen zuwenden werde!
Habt davor keine Angst!«
– »Freund, versichert mich dessen!
Gebt mir Euer Hemd;
in den unteren Zipfel werde ich einen Knoten machen:
Die Erlaubnis gebe ich Euch, wo es auch sei,
diejenige zu lieben, die ihn zu lösen
und aufzubinden vermögen wird.«
Er reicht es ihr [das Hemd] und verspricht es ihr.
Den Knoten macht sie hinein auf eine solche Weise,
dass ihn keine Frau aufbinden könnte,
wenn sie nicht eine Schere oder ein Messer dabei gebrauchte.
Sie gibt und reicht ihm das Hemd zurück.
Er nimmt es unter der Bedingung an,
dass sie ihn ihrer selbst versichere;
mit einem Gürtel,
mit dem er ihr den nackten Leib umgürtet,
schnürt er sie ein wenig um die Hüften ein:
Wer die Schnalle wird öffnen können,
ohne sie zu zerbrechen oder zu durchtrennen,
den zu lieben bittet er sie.
Dann küsst er sie, und dabei bleibt es.

An diesem Tag wurden sie bemerkt,
entdeckt, gefunden und gesehen

D'un chamberlenc mal veisïé
Que sis sire i out enveié.
A la dame voleit parler,
Ne pout dedenz la chambre entrer;
Par une fenestre les vit, [144a]
Veit a sun seignur, si li dit.
Quant li sires l'ad entendu,
Unques mes tant dolenz ne fu!
De ses priveiz demanda treis,
A la chambre vait demaneis.
Il en ad fet l'us depescier;
Dedenz trovat le chevalier.
Pur la grant ire que il a,
A ocire le cumaunda.
Guigemar est en piez levez;
Ne s'est de nïent effreez:
Une grosse perche de sap,
U suleient pendre li drap,
Prist en ses mains e sis atent.
Il en ferat aukun dolent;
Ainz ke il d'eus seit aprimiez
Les avrat il tuz maïniez.
Li sire l'ad mut esgardé;
Enquis li ad e demandé
Ki il esteit e dunt fu nez
E coment est laeinz entrez.
Cil li cunte cum il i vint
E cum la dame le retint;
Tute li dist la destinee
De la bise ki fu nafree
E de la neif e de sa plaie.
Ore est del tut en sa manaie!
Il li respunt que pas nel creit,

von einem arglistigen Kämmerer,
den ihr Herr dorthin geschickt hatte.
Mit der Herrin wollte er sprechen,
konnte [aber] das Gemach nicht betreten;
durch ein Fenster sah er sie,
geht zu seinem Herrn und sagt es ihm.
Als der Herr ihn angehört hatte,
war er so betroffen wie noch nie!
Er ließ drei seiner Vertrauten kommen
und geht sofort zum Gemach.
Er hat dessen Tür aufbrechen lassen;
im Innern fand er den Ritter.
Aus dem großen Zorn heraus, den er verspürt,
befahl er, ihn zu töten.
Guigemar ist aufgesprungen;
vor nichts fürchtet er sich:
Eine dicke Fichtenstange,
an die sie die Wäsche zu hängen pflegten,
nahm er in die Hände und erwartet sie.
Manch einem wird er damit Verdruss bereiten;
noch bevor er von ihnen erreicht wird,
wird er sie alle übel zugerichtet haben.
Der Herr hat ihn genau betrachtet;
Er hat ihn befragt und ausgefragt,
wer er war und wo er geboren wurde
und wie er hier hereingekommen ist.
Jener erzählt ihm, wie er dorthin kam
und wie die Dame ihn [bei sich] behielt;
er erzählte ihm sein ganzes Geschick,
von der Hirschkuh, die verwundet wurde,
und von dem Schiff und von seiner Wunde.
Nun ist er ganz in seiner Gewalt!
Er antwortet ihm, dass er es nicht glaubt,

E s'issi fust cum il diseit,
Si il peüst la neif trover,
Il le metreit giers en la mer: 614
S'il guaresist, ceo li pesast, [144b]
E bel li fust si il neiast!
Quant il l'ad bien aseüré,
Al hafne sunt ensemble alé.
La barge trovent, enz l'unt mis:
Od lui s'en vet en sun païs.

La neifs erre, pas ne demure.
Li chevaliers suspire e plure;
La dame regretout sovent
E prie Deu omnipotent
Qu'il li dunast hastive mort
E que jamés ne vienge a port
S'il ne repeot aveir s'amie,
K'il desire plus que sa vie.
Tant ad cele dolur tenue
Que la neifs est a port venue,
U ele fu primes trovee;
Asez iert pres de sa cuntree.
Al plus tost k'il pout s'en issi.
Uns damisels qu'il ot nurri
Errot aprés un chevalier;
En sa mein menot un destrier.
Il le conut, si l'apelat,
E li vallez se reguardat:
Sun seignur veit, a pié descent,
Le cheval li met en present.
Od lui s'en veit; joius en sunt
Tuit si ami, ki trové l'unt.

und wenn es so wäre, wie er sagte,
und wenn er das Schiff wiederfinden könnte,
würde er ihn wieder aufs Meer schicken:
Wenn er gerettet würde, würde ihn dies verdrießen,
und erfreuen, wenn er ertrinken würde!
Als er ihm sicheres Geleit zugesichert hat,
sind sie zusammen zum Hafen gegangen.
Das Schiff finden sie, darauf haben sie ihn gebracht:
In sein Heimatland fährt es mit ihm davon.

Das Schiff treibt dahin, es verweilt nicht.
Der Ritter seufzt und weint;
der Dame trauert er oft nach
und bittet den allmächtigen Gott,
dass er ihm einen schnellen Tod bereiten
und er nie zu einem Hafen kommen möge,
wenn er nicht seine Geliebte wiederhaben kann,
die er mehr begehrt als sein Leben.
So lang hat dieser Schmerz angehalten,
bis das Schiff zu dem Hafen gekommen ist,
wo es ursprünglich gefunden wurde;
ziemlich nah war es bei seinem Heimatland.
So bald er konnte, ging er von Bord.
Ein junger Edelmann, den er aufgezogen hatte,
zog [auf der Suche] nach einem Ritter umher;
an seiner Hand führte er ein Ross.
Er erkannte ihn und rief ihn,
und der Knappe schaute sich um:
Er sieht seinen Herrn, steigt ab,
das Pferd übergibt er ihm.
Zusammen mit ihm geht er fort; glücklich sind
alle seine Freunde, die ihn wiedergefunden haben.

Mut fu preisiez en sun païs,
Mes tuz jurs ert maz e pensis.
Femme voleient qu'il preisist,
Mes il del tut les escundist:
Ja ne prendra femme a nul jur, [144c]
Ne pur aveir ne pur amur,
S'ele ne peüst despleier
Sa chemise sanz depescier.
Par Breitaine veit la novele;
Il n'i ad dame ne pucele
Ki n'i alast pur asaier:
Unc ne la purent despleier!

De la dame vus voil mustrer
Que Guigemar pot tant amer.
Par le cunseil d'un suen barun
Ses sires l'ad mise en prisun
En une tur de marbre bis.
Le jur ad mal e la nuit pis;
Nuls hum el mund ne purreit dire
Sa grant peine, ne le martire
Ne l'anguisse ne la dolur
Que la dame suffre en la tur.
Deus anz i fu e plus, ceo quit;
Unc n'i ot joie ne deduit.
Sovent regrate sun ami:
«Guigemar, sire, mar vus vi!
Mieuz voil hastivement murir
Que lungement cest mal suffrir.
Amis, si jeo puis eschaper,
La u vus fustes mis en mer
Me neierai.» Dunc lieve sus;
Tute esbaïe vient a l'hus,

Sehr verehrt wurde er in seinem Land,
aber immer war er bedrückt und nachdenklich.
Sie wollten, dass er eine Frau nähme,
aber er wies sie ganz entschieden ab:
Niemals wird er eine Frau nehmen,
weder um Besitzes willen noch aus Liebe,
wenn sie nicht sein Hemd aufknoten könnte,
ohne es zu zerreißen.
In der Bretagne verbreitet sich die Nachricht;
da gibt es keine Dame und keine Jungfrau,
die nicht dort hinginge, um es zu versuchen:
Niemals konnten sie es aufknoten!

Von der Herrin will ich euch nun berichten,
die Guigemar so sehr zu lieben vermochte.
Auf Anraten eines seiner Barone
hat ihr Herr sie gefangengesetzt
in einem Turm aus grauem Marmor.
Am Tag leidet sie, und noch schlimmer des Nachts.
Niemand auf der Welt würde ihre große Qual,
das Martyrium, die Angst
und den Schmerz schildern können,
welche die Dame in dem Turm erleidet.
Zwei Jahre und länger war sie dort, glaube ich;
weder Freude noch Vergnügen gab es da.
Oft ruft sie ihren Geliebten an:
»Guigemar, Herr, zu meinem Verhängnis sah ich Euch!
Lieber will ich bald sterben,
als [noch] lange dieses Leid ertragen.
Geliebter, wenn ich entkommen kann,
werde ich mich dort, wo ihr aufs Meer entlassen wurdet,
ertränken.« Dann steht sie auf;
ganz verstört kommt sie zur Tür,

Ne treve cleif ne sereüre,
Fors s'en eissi; par aventure
Unques nuls ne la desturba.
Al hafne vint, la neif trova:
Atachiee fu al rochier [144d]
U ele se voleit neier.
Quant el la vit, enz est entree.
Mes d'une rien s'est purpensee,
Qu'ilec fu sis amis neiez;
Dunc ne pout ester sur ses piez;
Se desqu'al bort peüst venir,
El se laissast defors chaïr.
Asez seofre travail e peine.
La neifs s'en vet, ki tost l'en meine.
En Bretaine est venue al port
Suz un chastel vaillant e fort.
Li sire a ki li chastels fu
Aveit a nun Merïadu.
Il guerreiot un suen veisin;
Pur ceo fu levez par matin,
Sa gent voleit fors enveier
Pur sun enemi damagier.
A une fenestre s'estot
E vit la neif ki arivot.
Il descendi par un degré,
Sun chamberlain ad apelé;
Hastivement a la neif vunt,
Par l'eschiele muntent amunt,
Dedenz unt la dame trovee,
Ki de beuté resemble fee.
Il la saisist par le mantel,
Od lui l'en meine en sun chastel.

findet weder Schlüssel noch Schloss,
sie trat hinaus; durch Zufall
störte sie dabei überhaupt niemand.
Sie kam zum Hafen, fand das Schiff:
Festgemacht war es an dem Felsen,
bei dem sie sich ertränken wollte.
Als sie es erblickte, ist sie an Bord gegangen.
Doch etwas hat sie bei sich bedacht, [nämlich,]
dass dort [vielleicht] ihr Geliebter ertrunken war;
da konnte sie nicht [mehr] auf ihren Füßen stehen;
wenn sie die Reling erreichen könnte,
ließe sie sich über Bord fallen.
Viel Qual und Pein erleidet sie.
Das Schiff fährt davon, das sie schnell hinwegführt.
In der Bretagne ist es in den Hafen gekommen,
unterhalb einer mächtigen und starken Burg.
Der Herr, dem die Burg gehörte,
trug den Namen Meriaduc.
Er war im Krieg mit einem seiner Nachbarn;
deshalb war er in der Frühe aufgestanden,
er wollte seine Leute ausschicken,
um seinem Feind zu schaden.
Er stand an einem Fenster
und sah das Schiff ankommen.
Er stieg auf einer Treppe hinab
und hat seinen Kammerherrn gerufen;
eilig laufen sie zum Schiff,
über die Leiter steigen sie hinauf,
darauf haben sie die Dame gefunden,
die ihrer Schönheit nach einer Fee gleicht.
Er ergriff sie beim Mantel,
mit sich führt er sie in seine Burg.

Mut fu liez de la troveüre,
Kar bele esteit a demesure.
Ki que l'eüst mise en la barge,
Bien seit qu'ele est de grant parage.
A li aturnat tel amur, [145a]
Unques a femme n'ot greinur.
Il out une serur pucele;
En sa chambre, ki mut fu bele,
La dame li ad comandee.
Bien fu servie e honuree,
Richement la vest e aturne;
Mes tuz jurs ert pensive e murne.
Il veit sovent a li parler,
Kar de bon quor la peot amer;
Il la requiert, el n'en ad cure,
Ainz li mustre de la ceinture:
Jamés humme nen amera
Si celui nun ki l'uverra
Sanz depescier. Quant il l'entent,
Si li respunt par maltalent:
«Autresi ad en cest païs
Un chevalier de mut grant pris:
De femme prendre en iteu guise
Se defent, par une chemise
Dunt li destre panz est pleiez;
Il ne peot estre despleiez
Ki force u cutel n'i metreit.
Vus feïstes, jeo quit, cel pleit!»
Quant el l'oï, si suspira,
Par un petit ne se pasma.
Il la receit entre ses braz,
De sun bliaut trenche les laz:

Er war sehr erfreut über seinen Fund,
denn sie war über die Maßen schön.
Wer auch immer sie auf die Barke gebracht haben mochte,
er erkennt wohl, dass sie von hoher Abkunft ist.
Ihr wendet er solche Liebe zu,
wie er sie stärker noch keiner Frau [entgegengebracht] hatte.
Er hatte eine Schwester, eine Jungfrau;
in deren Gemach, das sehr schön war,
hat er ihr die Dame anbefohlen.
Sie wurde gut bedient und in Ehren gehalten,
kostbar kleidet er sie und putzt sie heraus;
doch immer blieb sie nachdenklich und betrübt.
Er geht oft zu ihr, um mit ihr zu sprechen,
denn von ganzem Herzen vermag er sie zu lieben;
er umwirbt sie, sie kümmert sich nicht darum,
sondern zeigt ihm den Gürtel:
Nie wird sie einen Mann lieben,
es sei denn den, der ihn öffnen wird,
ohne ihn zu zerreißen. Als er das hört,
antwortet er ihr erbost:
»Auch in diesem Land gibt es
einen Ritter von hohem Ansehen:
Eine Frau zu nehmen wehrt er sich
auf ebensolche Weise, mit einem Hemd,
dessen rechter Zipfel verknotet ist;
er kann nicht aufgeknotet werden,
[wenn] nicht Schere oder Messer angelegt würde.
Ihr machtet, glaube ich, diesen Knoten!«
Als sie das hörte, seufzte sie,
beinahe wurde sie ohnmächtig.
Er fängt sie in seinen Armen auf,
reißt die Schnüre ihres Gewandes auf:

La ceinture voleit ovrir,
Mes n'en poeit a chief venir.
Puis n'ot el païs chevalier
Que il n'i feïst essaier.

Issi remest bien lungement, [145b]
De ci qu'a un turneiement
Que Merïadus afïa
Cuntre celui qu'il guerreia.
Chevaliers manda e retint,
Bien sei que Guigemar i vint.
Il li manda par gueredun,
Si cum ami e cumpaniun,
Qu'a cel busuin ne li failist
E en s'aïe a lui venist.
Alez i est mut richement,
Chevaliers meine plus de cent.
Merïadus dedenz sa tur
Le herbergat a grant honur.
Encuntre lui sa serur mande;
Par deus chevaliers li commande
Qu'ele s'aturt e vienge avant,
La dame meint qu'il eime tant.
Cele ad fet sun commandement.
Vestues furent richement,
Main a main vienent en la sale;
La dame fu pensive e pale.
Ele oï Guigemar nomer,
Ne pout desur ses piez ester;

---

**30** Ewert argumentiert nach H für die Graphien »retient« und »vient« und mithin für Verben im Präsens mit, im Fall von »vient«, der Funk-

Den Gürtel wollte er öffnen,
aber er konnte nicht zum Ziel gelangen.
Danach gab es im Land keinen Ritter,
den er es nicht versuchen hieß.

So blieb es sehr lange,
bis zu einem Turnier,
das Meriaduc gegen den auslobte,
gegen den er Krieg führte.
Er rief Ritter herbei und nahm sie bei sich auf,
sicher weiß ich, dass Guigemar hinkam.[30]
Er bat ihn als Freund und Gefährten,
dass er ihn aus Erkenntlichkeit
in dieser Notlage nicht enttäuschen
und ihm zu Hilfe kommen sollte.
Hingeritten ist er reich ausgestattet,
mehr als hundert Ritter führt er mit sich.
Meriaduc quartierte ihn mit allen Ehren
in seinem Turm ein.
Zu seiner Begrüßung schickt er nach seiner Schwester;
durch zwei Ritter bestellt er ihr,
dass sie sich herausputzen und herkommen
und die Dame mitbringen möge, die er so sehr liebt.
Jene kommt seiner Anweisung nach.
Gekleidet waren sie kostbar,
Hand in Hand kommen sie in den Saal;
die Dame war nachdenklich und blass.
Sie hört den Namen Guigemar,
konnte sich nicht auf den Füßen halten;

---

tion eines virtuellen Futurs. Für die Übersetzung ergäbe sich dann »dass Guigemar kommen wird«, »dass Guigemar kommen will«.

Si cele ne l'eüst tenue,
Ele fust a tere chaüe.
Li chevaliers cuntre eus leva,
La dame vit e esgarda
E sun semblant e sa maniere;
Un petitet se traist ariere.
«Est ceo, fet il, ma duce amie,
M'esperaunce, mun quor, ma vie,
Ma bele dame ki m'ama? [145c]
Dunt vient ele? Ki l'amena?
Ore ai pensé mut grant folie;
Bien sai que ceo n'est ele mie;
Femmes se resemblent asez,
Pur nïent change mis pensez.
Mes pur cele qu'ele resemble,
Pur ki mis quors suspire e tremble,
A li parlerai volentiers.»
Dunc vet avant li chevaliers.
Il la baisat, lez lui l'asist;
Unques a l'autre mot ne dist
Fors tant que seeir la rovat.
Merïadus les esguardat,
Mut li pesat de cel semblant;
Guigemar apele en riant:
«Sire, fet il, si vus pleseit,
Ceste pucele essaiereit
Vostre chemise a despleier,
S'ele i purreit riens espleitier.»
Il li respunt: «E jeo l'otrei!»
Un chamberlenc apele a sei,

---

**31** Gemeint ist Meriaducs Schwester, nicht Guigemars Geliebte.

hätte jene [andere] sie nicht gehalten,
sie wäre zu Boden gegangen.
Der Ritter erhob sich zu ihrer Begrüßung,
er sah die Dame und erblickte
ihre Erscheinung und ihr Gebaren;
ein klein wenig trat er zurück.
»Ist dies«, sagt er, »meine süße Geliebte,
meine Hoffnung, mein Herz, mein Leben,
meine schöne Herrin, die mich liebte?
Woher kommt sie? Wer brachte sie hierher?
Da habe ich gerade etwas Törichtes gedacht;
ich weiß wohl, dass sie es gar nicht ist;
Frauen ähneln einander sehr,
vergeblich verzerrt mein Sinnen [die Wirklichkeit].
Aber um deretwillen, der sie gleicht,
für die mein Herz seufzt und bebt,
werde ich gern mit ihr sprechen.«
So tritt der Ritter vor.
Er küsste sie, setzte sich neben sie;
er sagte überhaupt kein Wort zu ihr,
außer, dass er sie bat, sich zu setzen.
Meriaduc beobachtete sie,
dieses Benehmen verdross ihn sehr;
lachend ruft er Guigemar zu:
»Herr«, sagt er, »wenn es Euch beliebte,
könnte diese Jungfrau[31] versuchen,
Euer Hemd aufzuknoten, [um zu sehen,]
ob sie etwas dabei ausrichten könnte.«
Er antwortet ihm: »Und ich willige ein!«
Einen Kammerherrn ruft er zu sich,

Ki la chemise ot a garder:
Il li comande a aporter.
A la pucele fu bailliee,
Mes ne l'ad mie despleiee.
La dame conut bien le pleit;
Mut est sis quors en grant destreit,
Kar volentiers s'i essaiast,
S'ele peüst u ele osast.
Bien s'aparceit Merïadus:
Dolenz en fu, il ne pot plus!
«Dame, fait il, kar assaiez [145d]
Si desfere le purïez!»
Quant ele ot le comandement,
Le pan de la chemise prent,
Legierement le despleiat.
Li chevaliers s'esmerveillat;
Bien la conut, mes nequedent,
Nel poeit creire fermement.
A li parlat en teu mesure:
«Amie, duce creature,
Estes vus ceo? Dites mei veir!
Lessiez mei vostre cors veeir,
La ceinture dunt jeo vus ceins.»
A ses costez li met ses meins,
Si ad trovee la ceinture.
«Bele, fet il, queil aventure
Que jo vus ai issi trovee!
Ki vus ad ici amenee?»
Ele li cunte la dolur,
Les peines granz e la tristur
De la prisun u ele fu,
E coment li est avenu,

der das Hemd zu verwahren hatte:
Er befiehlt ihm, es herzubringen.
Es wurde der Jungfrau gegeben,
aber sie hat es gar nicht aufgeknotet.
Die Dame erkannte den Knoten wohl;
ihr Herz ist in sehr großer Not,
denn gern würde sie sich daran versuchen,
wenn sie es könnte oder wagte.
Wohl bemerkt dies Meriaduc:
Traurig war er darüber, wie er trauriger nicht sein konnte!
»Herrin«, sagt er, »versucht doch,
ob Ihr ihn lösen könnt!«
Als sie die Aufforderung hört,
ergreift sie den Zipfel des Hemdes,
knotet ihn mit Leichtigkeit auf.
Der Ritter war erstaunt;
er erkannte sie wohl, aber trotzdem
konnte er es nicht recht glauben.
Solchermaßen sprach er zu ihr:
»Geliebte, zartes Geschöpf,
seid Ihr es? Sagt mir die Wahrheit!
Lasst mich Euren Leib sehen,
den Gürtel, mit dem ich Euch umgürtete.«
Auf ihre Hüften legt er seine Hände
und hat den Gürtel gefunden.
»Schöne«, sagt er, »welch sonderbares Geschehen,
dass ich Euch so gefunden habe!
Wer hat Euch hierhergebracht?«
Sie erzählt ihm von dem Leid,
den großen Qualen und der Trübsal
des Gefängnisses, in dem sie war,
und wie es ihr ergangen ist,

Coment ele s'en eschapa.
Neier se volt, la neif trova,
Dedeinz entrat, a cel port vint,
E li chevaliers la retint.
Gardee l'ad a grant honur,
Mes tuz jurs la requist d'amur.
Ore est sa joie revenue.
«Amis, menez en vostre drue!»
Guigemar s'est en piez levez.
«Seignurs, fet il, ore escutez!
Ci ai m'amie cuneüe [146a]
Que jeo quidoue aveir perdue.
Meriaduc requier e pri:
Rende la mei, sue merci!
Ses hum liges en devendrai,
Deus anz u treis li servirai
Od cent chevaliers u od plus.»
Dunc respundi Meriadus:
«Guigemar, fet il, beus amis,
Jeo ne sui mie si suspris
Ne si destreiz pur nule guere
Que de ceo me deiez requere.
Jeo la trovai, si la tendrai
E cuntre vus la defendrai!»
Quant il l'oï, hastivement
Comanda a munter sa gent.
D'ileoc se part, celui defie,
Mut li peise qu'il lait s'amie.
En la vile n'out chevalier
Ki fust alez pur turneier

32 Siehe zu »drue« erneut Dubuis (1992), S. 395.

und wie sie daraus entkam.
Ertränken wollte sie sich, fand das Schiff,
ging an Bord, kam zu diesem Hafen,
und der Ritter behielt sie bei sich.
Mit allen Ehren hat er sie behütet,
aber ständig warb er um ihre Liebe.
Nun ist ihre Freude zurückgekehrt.
»Geliebter, bringt Eure Geliebte[32] [von hier] fort!«
Guigemar hat sich erhoben[33].
»Herr«, sagt er, »nun hört!
Hier habe ich meine Geliebte erkannt,
die ich verloren zu haben glaubte.
Meriaduc ersuche und bitte ich:
Er möge sie mir zurückgeben, Dank sei ihm (dafür)!
Sein Lehnsmann werde ich dafür,
zwei oder drei Jahre werde ich ihm dienen,
mit hundert Rittern oder mehr.«
Da antwortete Meriaduc:
»Guigemar«, sagt er, »guter Freund,
ich bin keinesfalls so überrascht
oder durch Krieg so bedrängt,
dass Ihr mich darum bitten sollt.
Ich fand sie [die Dame] und werde sie behalten
und gegen Euch verteidigen!«
Als er [Guigemar] das hörte, befahl er
seinen Leuten hastig, aufzusitzen.
Er zieht davon, jenen fordert er heraus,
es lastet schwer auf ihm, dass er seine Geliebte zurücklässt.
In der Stadt gab es keinen Ritter,
der zum Turnier gekommen war,

33 Wörtl.: hat sich auf die Füße erhoben.

Ke Guigemar n'en meint od sei;
Chescuns li afie sa fei:
Od lui irunt, queil part k'il aut.
Mut est huniz ki or li faut!
La nuit sunt al chastel venu
Ki guereiot Merïadu.
Li sires les ad herbergiez,
Ki mut en fu joius e liez
De Guigemar e de s'aïe:
Bien seit que la guere est finie!
El demain par matin leverent,
Par les ostelz se cunreerent,
De la vile eissent a grant bruit; [146b]
Guigemar primes les cunduit.
Al chastel vienent, si l'asaillent,
Mes forz esteit, al prendre faillent.
Guigemar ad la vile assise,
N'en turnerat si serat prise.
Tant li crurent ami e genz
Que tuz les affamat dedenz.
Le chastel ad destruit e pris
E le seignur dedenz ocis.
A grant joie s'amie en meine:
Ore ad trespassee sa peine!

De cest cunte k'oï avez
Fu *Guigemar* li lais trovez,
Que hum fait en harpe e en rote;
Bone en est a oïr la note.

---

**34** Die Rote ist ein der Harfe ähnliches walisisches Saiteninstrument (kymr. *crwth*, mlat. *chora* oder *crotta*). Vgl. zu diesem Verweis auf die

den Guigemar nicht mit sich fortführt;
ein jeder gelobt ihm seine Treue:
Mit ihm werden sie gehen, wohin er auch gehen mag.
Schändlich ist, wer ihn jetzt im Stich lässt!
In der Nacht sind sie zu der Burg gekommen,
die Meriaduc bekriegte.
Der Burgherr hat sie berherbergt,
der sehr froh und glücklich
über Guigemar und seine Hilfe war:
Er weiß wohl, dass der Krieg [so gut wie] zu Ende ist!
Am Morgen standen sie früh auf,
in ihren Unterkünften rüsteten sie sich,
aus der Stadt ziehen sie mit großem Getöse hinaus;
Guigemar, ganz vorne, führt sie an.
Zur Burg kommen sie und greifen sie an,
aber sie war stark, es gelingt ihnen nicht, sie einzunehmen.
Guigemar hat die Stadt belagert,
er wird sich nicht abwenden, bis sie eingenommen sein wird.
So sehr wuchsen ihm Freunde und Gefolgsleute zu,
dass er alle drinnen aushungerte.
Die Burg hat er zerstört und eingenommen
und den Herrn darin getötet.
Mit großer Freude führt er seine Geliebte fort:
Nun hat sie ihr Leid überstanden!

Über diese Erzählung, die ihr gehört habt,
wurde der *lai Guigemar* gemacht,
den man auf der Harfe und der Rote[34] begleitet;
angenehm ist es, seine Melodie zu hören.

---

Wiederaufnahme des Stoffes eines früheren, gesungenen *lai* unser Nachwort.

## Bisclavret

Quant des lais faire m'entremet,
Ne voil ublier *Bisclavret*;
*Bisclavret* ad nun en bretan,
*Garwaf* l'apelent li Norman.

Jadis le poeit hum oïr
E sovent suleit avenir, [152d]
Hume plusur garval devindrent
E es boscages meisun tindrent.
Garvalf, ceo est beste salvage;
Tant cum il est en cele rage,
Hummes devure, grant mal fait,
Es granz forez converse e vait.
Cest afere les ore ester:
Del Bisclavret vus voil cunter.

En Bretaine maneit uns ber;
Merveille l'ai oï loër:
Beaus chevaliers e bons esteit
E noblement se cunteneit.
De sun seinur esteit privez
E de tuz ses veisins amez.
Femme ot espuse mut vailant
E ki mut feseit beu semblant.
Il amot li e ele lui,
Mes d'une chose ert grant ennui,

---

1 In der Forschungsgeschichte sind verschiedene, zumeist wenig befriedigende Etymologien erwogen worden. Diese diskutiert ausführlich Hans Schwerteck: »Eine neue Etymologie von *bisclavret*«, in: *Romanische Forschungen* 104 (1992), S. 160–163, der *bisclavret* auf eine

# Bisclavret

Wenn ich schon darangehe, *lais* zu verfertigen,
dann will ich *Bisclavret*[1] nicht vergessen;
»Bisclavret« ist sein Name im Bretonischen,
»Garwaf«[2] nennen ihn die Normannen.

Früher konnte man erzählen hören
– und oft pflegte es zu geschehen –,
dass manche Menschen zum Werwolf wurden
und im Wald hausten.
Ein Werwolf, das ist ein wildes Tier;
wenn er in diesem Zustand der Raserei ist,
verschlingt er Menschen, richtet großen Schaden an,
hält sich in den großen Wäldern auf und geht dort um.
Von all dem lasse ich nun ab:
Von Bisclavret will ich euch erzählen.

In der Bretagne wohnte ein Edelmann;
Wunderbares habe ich zu seinem Lob sagen hören:
Ein schöner und guter Ritter war er,
von Adel zeugte seine Haltung.
Ein Vertrauter seines Lehnsherrn war er,
und von allen Nachbarn sehr geschätzt.
Eine treffliche Frau hatte er,
die sich sehr freundlich gab.
Er liebte sie und sie ihn,
doch eine Sache verdross sie sehr:

---

altbretonische Form **bleiz kammwraet* ›falsch gebildeter, nachgemachter Wolf‹ (162) zurückführt.

2 *Garwaf, garval, garvalf*, vgl. *garlos*. Rychner, S. 252, nimmt fränkisch **werwulf* als Etymon an.

Qu'en la semeine le perdeit
Treis jurs entiers, qu'el ne saveit
U deveneit ne u alout,
Ne nuls des soens nïent n'en sout.
Une feiz esteit repeiriez
A sa meisun, joius e liez;
Demandé li ad e enquis:
«Sire, fait el, beaus duz amis,
Une chose vus demandasse
Mut volentiers, si jeo osasse,
Mes jeo creim tant vostre curut
Que nule rien tant ne redut.»
Quant il l'oï, si l'acola,
Vers lui la traist, si la beisa.
«Dame, fait il, car demandez!
Ja cele chose ne querrez,
Si jo la sai, ne la vus die. [153a]
– Par fei, fet ele, or sui garie!
Sire, jeo sui en tel esfrei
Les jurs quant vus partez de mei,
El cuer en ai mut grant dolur
E de vus perdre tel poür,
Si jeo n'en ai hastif cunfort,
Bien tost en puis aveir la mort.
Kar me dites u vus alez,
U vus estes, u conversez!
Mun escïent que vus amez,
E si si est, vus meserrez.
– Dame, fet il, pur Deu merci!
Mal m'en vendra si jol vus di,
Kar de m'amur vus partirai
E mei meïsmes en perdrai.»
Quant la dame l'ad entendu,
Ne l'ad neent en gab tenu:

Jede Woche verlor sie ihn
drei ganze Tage [aus den Augen], so dass sie nicht wusste,
was aus ihm wurde oder wohin er ging,
noch wusste es einer der Seinen.
Einmal kam er zurück
nach Hause, fröhlich und heiter;
[da] befragte und bedrängte sie ihn:
»Herr«, sagt sie, »guter, teurer Geliebter,
eine Sache würde ich Euch gern fragen wollen,
wenn ich mich nur traute,
doch fürchte ich Euren Zorn so sehr,
wie ich vor nichts anderem bange.«
Als er dies hörte, legte er seinen Arm um sie,
zog sie an sich und küsste sie.
»Herrin«, sagt er, »fragt nur!
Nie werdet Ihr nach etwas fragen,
das ich Euch, wenn ich es denn weiß, nicht sage.«
– »Meiner Treu«, sagt sie, »nun bin ich gerettet!
Mein Herr, in großer Sorge bin ich
an den Tagen, an denen Ihr von mir fortgeht,
trage großen Schmerz in meinem Herzen
und solche Angst, Euch zu verlieren,
dass ich, wenn ich nicht schnell Hilfe erhalte,
sehr bald daran sterben mag.
So sagt mir doch, wohin Ihr geht,
wo Ihr seid, wo Ihr Euch aufhaltet!
Mir scheint, Ihr liebt [eine andere],
und wenn es so ist, so kommt Ihr vom rechten Weg ab.«
– »Herrin«, sagt er, »bei Gottes Barmherzigkeit!
Unheil wird auf mich kommen, wenn ich es Euch sage,
denn von der Liebe zu mir werde ich Euch abbringen
und dadurch mich selbst zugrunde richten.«
Als die Dame dies hörte,
hielt sie es nicht für einen Scherz:

Suventefeiz li demanda,
Tant le blandi e losenga
Que s'aventure li cunta;
Nule chose ne li cela.
«Dame, jeo devienc bisclavret.
En cele grant forest me met,
Al plus espés de la gaudine,
S'i vif de preie e de ravine.»
Quant il li aveit tut cunté,
Enquis li ad e demaundé
S'il se despuille u vet vestuz.
«Dame, fet il, jeo vois tuz nuz.
– Di mei, pur Deu, u sont voz dras?
– Dame, ceo ne dirai jeo pas,
Kar si jes eüsse perduz
E de ceo feusse aparceüz,
Bisclavret sereie a tuz jurs.
Ja nen avreie mes sucurs [153b]
De si k'il me fussent rendu.
Pur ceo ne voil k'il seit seü.
– Sire, la dame li respunt,
Jeo vus eim plus que tut le mund!
Nel me devez nïent celer,
Ne mei de nule rien duter:
Ne semblereit pas amistié!
Qu'ai jeo forfait? Pur queil pechié
Me dutez vus de nule rien?
Dites le mei, si ferez bien!»
Tant l'anguissa, tant le suzprist,
Ne pout el faire, si li dist.
«Dame, fet il, delez cel bois,
Lez le chemin par unt jeo vois,
Une vielz chapele i esteit,
Ki meintefeiz grant bien me fait:

Viele Male fragte sie nach,
umgarnte ihn und schmeichelte ihm,
dass er ihr von dem erzähle, was ihm widerfahre;
er verheimlichte ihr nichts.
»Herrin, ich werde zum Werwolf.
Ich gehe in jenen großen Wald,
wo das Unterholz am dichtesten ist,
und lebe dort von Beute und von Raub.«
Als er ihr alles erzählt hatte,
drang sie in ihn und fragte,
ob er sich dann entkleide oder angezogen umherginge.
»Herrin«, sagt er, »ich gehe ganz nackt umher.«
– »Sagt mir, bei Gott, wo sind [dann] Eure Kleider?«
– »Herrin, dies werde ich nicht sagen,
denn verlöre ich sie
und würde dabei bemerkt,
dann bliebe ich für immer ein Werwolf.
Niemals würde mir geholfen werden können,
bis ich sie zurückerhielte.
Deshalb will ich nicht, dass es bekannt wird.«
– »Herr«, antwortet ihm die Dame,
»ich liebe Euch mehr als alles auf der Welt,
Ihr dürft mir nichts verschweigen,
dürft nichts von mir befürchten:
Dies sähe nicht wie Freundschaft aus!
Was habe ich verbrochen? Wegen welchen Vergehens
zweifelt Ihr im geringsten an mir?
Sagt es mir, Ihr werdet gut daran tun!«
So sehr bedrängte sie ihn, und so sehr bestürmte sie ihn,
bis er nicht anders konnte, als es ihr zu sagen.
»Herrin«, sagte er, »am Rand dieses Waldes,
an dem Weg, den ich nehme,
da steht eine alte Kapelle,
die mir manches Mal einen guten Dienst erweist:

La est la piere cruose e lee,
Suz un bussun, dedenz cavee;
Mes dras i met, suz le buissun,
Tant que jeo revienc a meisun.»
La dame oï cele merveille,
De poür fu tute vermeille.
De l'aventure s'esfrea.
En maint endreit se purpensa
Cum ele s'en puïst partir:
Ne voleit mes lez lui gisir.

Un chevalier de la cuntree,
Ki lungement l'aveit amee
E mut preiee e mut requise
E mut duré en sun servise,
Ele ne l'aveit unc amé
Ne de s'amur aseüré.
Celui manda par sun message,
Si li descovri sun curage:
«Amis, fet ele, seiez liez! [153c]
Ceo dunt vus estes travaillez
Vus otri jeo sanz nul respit;
Ja n'i avrez nul cuntredit.
M'amur e mun cors vos otrei:
Vostre drue fetes de mei!»
Cil l'en mercie bonement
E la fïance de li prent,
E el le met par serement.
Puis li cunta cumfaitement
Ses sire ala e k'il devint.

---

3 »lee«, wörtl.: weit, breit, ausgedehnt.

Dort ist das starke[3] und behauene Mauerwerk,
unter einem Busch, ausgehöhlt;
meine Kleidung lege ich dort ab, unter dem Busch,
bis ich nach Hause zurückkehre.«
Die Herrin hörte diese wunderliche Erzählung;
vor Furcht errötete sie.
Vor der absonderlichen Geschichte erschreckte sie sich.
Verschiedentlich überlegte sie,
wie sie sich von ihm trennen könnte:
Sie wollte nicht länger bei ihm liegen.

Ein Ritter der Gegend,
der sie lange geliebt,
sie sehr umworben, sich sehr um sie bemüht
und lange in ihrem Dienst gestanden hatte –
sie hatte ihn nie geliebt
und ihn nie ihrer Liebe versichert.[4]
Nach ihm schickte sie durch einen Boten,
ihm schüttete sie ihr Herz aus:
»Freund«, sagt sie, »seid frohen Mutes!
Was Euch quält,
gewähre ich Euch nun ohne jeden Verzug;
Ihr werdet fürwahr keine Zurückweisung erhalten.
Meine Liebe und meinen Körper schenke ich Euch:
Macht aus mir Eure Geliebte!«
Jener dankt ihr sehr
und nimmt ihr das Versprechen ab,
und sie bekräftigt es durch einen Schwur.
Dann erzählte sie ihm, wie
ihr Herr fortging und was aus ihm wurde.

---

4 Die Übersetzung erhält das bei Rychner durch diplomatische Transkription bewahrte Anakoluth.

Tute la veie ke il tint
Vers la forest li enseigna;
Pur sa despuille l'enveia.
Issi fu Bisclavret trahiz
E par sa femme maubailiz.
Pur ceo qu'hum le perdeit sovent,
Quidouent tuit communalment
Que dunc s'en fust del tut alez.
Asez fu quis e demandez,
Mes n'en porent mie trover;
Si lur estuit lessier ester.
La dame ad cil dunc espusee
Que lungement aveit amee.

Issi remest un an entier,
Tant que li reis ala chacier.
A la forest ala tut dreit,
La u li bisclavret esteit.
Quant li chien furent descuplé,
Le bisclavret unt encuntré;
A lui cururent tute jur
E li chien e li veneür,
Tant que pur poi ne l'eurent pris
E tut deciré e maumis.
Des que il ad le rei choisi,
Vers lui curut querre merci. [153d]
Il l'aveit pris par sun estrié,
La jambe li baise e le pié.
Li reis le vit, grant poür ad;
Ses cumpainuns tuz apelad:

---

5 Zu diesem Plus-que-parfait vgl. die Bemerkungen zum Aspektsystem in der Edition Rychners, S. 245.

Den ganzen Weg, den er nahm
gen Wald, beschrieb sie ihm;
nach seinen Kleidern schickte sie ihn.
So wurde Bisclavret verraten
und von seiner Frau schlecht behandelt.
Da man ihn oft aus den Augen verlor,
stimmten nun alle in dem Glauben überein,
er sei endgültig fortgegangen.
Er wurde gesucht, nach ihm wurde gefragt,
aber man konnte keine Spur von ihm finden;
so musste man von der Suche lassen.
Jener [der Ritter] hat dann die Dame geheiratet,
die er lange geliebt hatte.

So blieb es ein ganzes Jahr,
bis der König jagen ging.
In den Wald ging er geradewegs,
wo der Werwolf sich aufhielt.
Als die Hunde losgelassen wurden,
trafen sie auf den Werwolf;
ihm setzten den ganzen Tag
sowohl die Hunde als auch die Jäger nach,
bis sie ihn beinahe gefasst
und ganz zerrissen und übel zugerichtet hatten.
Als er den König erblickte,
lief er zu ihm, um Gnade zu erbitten.
Er hatte ihn bei seinem Steigbügel gefasst,[5]
das Bein küsste er ihm und den Fuß.
Der König sieht ihn an, bekommt große Angst;
er rief alle seine Gefährten herbei:

«Seignurs, fet il, avant venez!
Ceste merveillë esgardez,
Cum ceste beste s'humilie!
Ele ad sen d'hume, merci crie.
Chaciez mei tuz ces chiens ariere,
Si gardez que hum ne la fiere!
Ceste beste ad entente e sen.
Espleitiez vus! Alum nus en!
A la beste durrai ma pes,
Kar jeo ne chacerai hui mes.»

Li reis s'en est turnez a tant.
Li bisclavret le vet siwant:
Mut se tint pres, n'en vout partir,
Il n'ad cure de lui guerpir.
Li reis l'enmeine en sun chastel.
Mut en fu liez, mut li est bel,
Kar unke mes tel n'ot veü.
A grant merveille l'ot tenu
E mut le tient a grant chierté.
A tuz les suens ad comaundé
Que sur s'amur le gardent bien
E ne li mesfacent de rien,
Ne par nul d'eus ne seit feruz;
Bien seit abevreiz e peüz.
Cil le garderent volentiers.
Tuz jurs entre les chevaliers
E pres del rei s'alout cuchier.
N'i ad celui ki ne l'ad chier,
Tant esteit francs e deboneire;
Unques ne volt a rien mesfaire.

---

**6** Wörtl.: Ich werde dem Tier meinen Frieden geben.

»Ihr Herren«, sagt er, »tretet vor!
Seht dieses Wunder,
wie demütig sich dieses Tier zeigt!
Es hat Verstand wie ein Mensch, fleht um Gnade.
Treibt mir alle diese Hunde zurück,
und achtet darauf, dass man es nicht schlage.
Dieses Tier hat Willen und Verstand.
Beeilt euch! Brechen wir auf!
Ich werde das Tier in meine Obhut nehmen,[6]
denn heute werde ich nicht mehr jagen.«

Der König wendet sich damit ab.
Der Werwolf folgt ihm:
Er hielt sich nahe bei ihm, will ihn nicht verlassen,
er achtet darauf, sich nicht von ihm zu entfernen.
Der König nimmt ihn mit auf seine Burg.
Er war sehr froh darüber, sehr teuer ist er ihm,
denn so etwas hatte er noch nie gesehen.
Für ein großes Wunder hat er ihn gehalten
Und behandelt ihn sehr liebevoll.
Den Seinen hat er befohlen,
Dass sie ihn ihm zuliebe gut behüten
und ihm nichts zuleide tun wollen,
und er von keinem von ihnen geschlagen werde;
er solle gut getränkt und gefüttert werden.
Jene hüteten ihn gern.
Jeden Tag legte er sich zwischen den Rittern
oder nahe dem König zum Schlafen nieder.
Es gibt keinen, der ihn nicht gernhat,
so edel und gut war er;
nie wollte er jemandem etwas zuleide tun.

U ke li reis deüst errer, [154a]
Il n'out cure de desevrer;
Ensemble od lui tuz jurs alout:
Bien s'aparceit que il l'amout.

Oëz aprés cument avint!
A une curt ke li reis tint
Tuz les baruns aveit mandez,
Ceus ki furent de lui chasez,
Pur aidier sa feste a tenir
E lui plus beal faire servir.
Li chevaliers i est alez
Richement e bien aturnez,
Ki la femme Bisclavret ot.
Il ne saveit ne ne quidot
Qu'il le deüst trover si pres!
Si tost cum il vint al paleis
E li bisclavret l'aparceut,
De plain esleis vers lui curut:
As denz le prist, vers lui le trait.
Ja li eüst mut grant leid fait,
Ne fust li reis ki l'apela,
D'une verge le manaça.
Deus feiz le vout mordre le jur!
Mut s'esmerveillent li plusur,
Kar unkes tel semblant ne fist
Vers nul hume ke il veïst.
Ceo dient tuit par la meisun
K'il nel fet mie sanz reisun:

---

7 Die Übersetzung Riegers, S. 199, interpretiert »plus beal« als Elativ; wir folgen dieser Interpretation.

Wohin auch immer der König sich begeben musste,
er war darauf bedacht, sich nicht [von ihm] zu trennen;
immer ging er mit ihm zusammen:
Leicht ersichtlich ist, dass er ihn gernhatte.

Hört, was danach geschah!
Anlässlich eines Hoftages, den der König hielt,
hatte dieser nach allen Baronen geschickt,
denen, die von ihm belehnt waren,
damit sie an seinem Fest mitwirkten
und ihm auf glänzendste Weise aufwarteten.[7]
Der Ritter ist dorthin gegangen,
kostbar und gut gekleidet,
der die Frau Bisclavrets [geheiratet] hatte.
Er wusste nicht und dachte auch nicht,
dass er ihn so nah finden sollte!
Sobald er zum Palast kam
und der Werwolf seiner gewahr wurde,
rannte dieser in großen Sätzen auf ihn zu:
Er packte ihn mit den Zähnen, zerrte ihn zu sich heran.
Er hätte ihm großen Schaden zugefügt,
wäre da nicht der König gewesen, der ihn anrief,
ihm mit einer Rute drohte.[8]
Zweimal wollte er ihn an diesem Tag beißen!
Die meisten wundern sich sehr,
denn so führte er sich nie zuvor auf,
niemandem gegenüber, den er sah.
Dies sagen alle in dem Haushalt:
dass er es nicht ohne Grund macht.

---

**8** Asyndetische Reihung zweier Relativsätze ohne Wiederholung des Pronomens »ki«.

Mesfait li ad, coment que seit,
Kar volentiers se vengereit.
A cele feiz remest issi,
Tant ke la feste departi
E li barun unt pris cungié;
A lur meisun sunt repeirié.
Alez s'en est li chavaliers
Mien escïent tut as premiers, [154b]
Que li bisclavret asailli.
N'est merveille s'il le haï!

Ne fu puis gueres lungement,
Ceo m'est avis, si cum j'entent,
Qu'a la forest ala li reis,
Ki tant fu sages e curteis,
U li bisclavret fu trovez;
E il i est od lui alez.
La nuit, quant il s'en repeira,
En la cuntree herberga.
La femme Bisclavret le sot.
Avenantment s'appareilot;
El demain vait al rei parler,
Riche present li fait porter.
Quant Bisclavret la veit venir,
Nuls hum nel poeit retenir:
Vers li curut cum enragiez.
Oiez cum il est bien vengiez:
Le neis li esracha del vis!
Que li peüst il faire pis?
De tutes parz l'unt manacié;
Ja l'eüssent tut depescié,

---

**9** Wörtl. (metonymisch): das Fest.

Er [der Ritter] hat ihm, wie auch immer, Übel getan,
denn er [Bisclavret] wolle sich rächen.
Dabei blieb es dieses Mal,
bis die Festgesellschaft[9] aufbrach
und die Barone sich verabschiedet haben;
sie sind nach Hause zurückgekehrt.
Aufgebrochen ist der Ritter,
den der Werwolf anfiel,
meines Wissens, mit den ersten.
Es ist kein Wunder, wenn er [Bisclavret] ihn hasste!

Nicht viel später war es –
dies ist mir mitgeteilt worden, und so hörte ich es –,
dass der König,
der so weise und höfisch war,
in den Wald ging, in dem der Werwolf gefunden wurde;
und dieser ist mit ihm dorthin gegangen.
In der Nacht, als er von dort zurückkehrte,
nahm er in der Gegend Herberge.
Die Frau Bisclavrets erfuhr es.
Sie macht sich angemessen zurecht;
am Morgen geht sie zum König, um mit ihm zu sprechen,
ein kostbares Geschenk lässt sie ihm überbringen.
Als Bisclavret sie kommen sieht,
konnte ihn niemand zurückhalten:
Er stürzte zornentbrannt auf sie zu.
Hört, wie er sich gerächt hat:[10]
Die Nase riss er ihr aus dem Gesicht!
Was hätte er ihr Schlimmeres antun können?
Von allen Seiten haben sie ihn bedroht;
fast hätten sie ihn in Stücke gerissen,

---

10 Wörtl.: wie gut er gerächt ist

Quant uns sages hum dist al rei:
«Sire, fet il, entent a mei!
Ceste beste ad esté od vus;
N'i ad ore celui de nus
Ki ne l'eit veü lungement
E pres de lui alé sovent:
Unke mes humme ne tucha
Ne felunie ne mustra,
Fors a la dame qu'ici vei.
Par cele fei ke jeo vus dei,
Aukun curuz ad il vers li,
E vers sun seignur autresi.
Ceo est la femme al chevalier [154c]
Que taunt sulïez aveir chier,
Ki lung tens ad esté perduz,
Ne seümes qu'est devenuz.
Kar metez la dame en destreit,
S'aucune chose vus direit
Pur quei ceste beste la heit.
Fetes li dire s'el le seit!
Meinte merveille avum veüe,
Ki en Bretaigne est avenue.»
Li reis ad sun cunseil creü:
Le chevalier ad retenu,
De l'autre part la dame ad prise
E en mut grant destresce mise.
Tant par destresce e par poür
Tut li cunta de sun seignur:
Coment ele l'aveit trahi
E sa despoille li toli,

---

**11** Das Hilfsverb in der Form »eit« fügt sich nicht zum Partizip »alé«, das gleichwohl auf dieses Hilfsverb zu beziehen ist.

als ein weiser Mann zum König sagte:
»Herr«, sagt er, »hört auf mich!
Dieses Tier ist um Euch gewesen;
es gibt keinen unter uns,
der es nicht lange gesehen hat
und oft in seiner Nähe gegangen ist:[11]
Nie rührte es einen Menschen an
oder zeigte Bösartigkeit,
außer gegenüber der Dame, die ich hier sehe.
Bei der Treue, die ich Euch schulde,
es [das Tier] hegt irgendeinen Zorn gegen sie,
und gegen ihren Herrn ebenso.
Dies ist die Frau des Ritters,
den Ihr so sehr zu schätzen pflegtet,
der seit langem verschwunden ist,
wir wussten nicht, was aus ihm geworden ist.
Verhört die Dame streng, [um zu sehen,]
ob sie Euch etwas darüber sagen wird,
warum das Tier sie hasst.
Bringt sie zum Reden, wenn sie es weiß!
Manches Wunder haben wir gesehen,
das in der Bretagne geschehen ist.«
Der König hat seinen Rat befolgt:
Er hat den Ritter eingesperrt,
die Dame ihrerseits festgenommen
und einem strengen Verhör unterzogen.
Ebensosehr wegen des Verhörs wie aus Angst
erzählte sie alles von ihrem Herrn:
Wie sie ihn verraten hatte
und ihm seine Kleidung wegnahm,

L'aventure qu'il li cunta,
E que devint e u ala;
Puis que ses dras li ot toluz,
Ne fud en sun païs veüz.
Tres bien quidot e bien creeit
Que la beste Bisclavret seit.
Li reis demande la despoille;
U bel li seit u pas nel voille,
Ariere la fet aporter,
Al bisclavret la fist doner.
Quant il l'urent devant lui mise,
Ne s'en prist garde en nule guise.
Li produm le rei apela,
Cil ki primes le cunseilla:
«Sire, ne fetes mie bien!
Cist nel fereit pur nule rien,
Que devant vus ses dras reveste
Ne mut la semblance de beste. [154d]
Ne savez mie que ceo munte:
Mut durement en ad grant hunte!
En tes chambres le fai mener
E la despoille od lui porter;
Une grant piece l'i laissums.
S'il devient hum, bien le verums.»
Li reis meïsmes le mena
E tuz les hus sur lui ferma.
Al chief de piece i est alez,
Deus baruns ad od lui menez.
En la chambrë entrent tuit trei;
Sur le demeine lit al rei

---

**12** Wörtl.: ob es ihr gefalle oder es nicht wolle.

die sonderbare Geschichte, die er ihr erzählte,
und was aus ihm wurde und wohin er ging;
nachdem sie ihm seine Kleider weggenommen hatte,
wurde er in seinem Land nicht [mehr] gesehen.
Sie nahm an und glaubte fest,
dass das Tier Bisclavret sei.
Der König verlangte die Kleider;
ob es ihr gefalle oder nicht,[12]
er lässt sie zurückbringen,
dem Werwolf ließ er sie geben.
Als man sie [die Kleider] vor ihn gelegt hatte,
nahm er davon in keiner Weise Notiz.
Der Edelmann sprach den König an,
der, der ihn zuvor beraten hatte:
»Herr, Ihr macht es nicht richtig!
Um nichts in der Welt würde dieser
vor Euch seine Kleider an-
und die Tiergestalt ablegen.
Ihr wisst gar nicht, was das [für ihn] bedeutet:
Er schämt sich sehr dafür!
Lasse ihn in Deine Gemächer führen
und mit ihm die Kleider dorthin tragen;
eine Weile lassen wir ihn dort.
Wenn er wieder Mensch wird, werden wir es wohl sehen.«
Der König selbst führte ihn
und schloss alle Türen hinter ihm.
Nach geraumer Zeit ist er wieder dorthin gegangen,
zwei Barone hat er mit sich genommen.
Das Gemach betreten alle drei;
auf dem herrschaftlichen Bett des Königs

Truevent dormant le chevalier.
Li reis le curut enbracier;
Plus de cent feiz l'acole e baise.
Si tost cum il pot aveir aise,
Tute sa tere li rendi;
Plus li duna ke jeo ne di.
La femme ad del païs ostee
E chaciee de la cuntree.
Cil s'en alat ensemble od li
Pur ki sun seignur ot trahi.
Enfanz en ad asez eü;
Puis unt esté bien cuneü
E del semblant e del visage:
Plusurs des femmes del lignage,
C'est veritez, senz nes sunt neies
E sovent ierent esnasees.

L'aventure k'avez oïe
Veraie fu, n'en dutez mie.
De Bisclavret fu fez li lais
Pur remembrance a tuz dis mais.

---

13 Wörtl.: war wahr.

finden sie den Ritter schlafend vor.
Der König lief zu ihm, um ihn in die Arme zu schließen;
mehr als hundertmal umarmt und küsst er ihn.
Sobald er die Gelegenheit fand,
gab er ihm sein ganzes Land zurück;
mehr [noch] gab er ihm, als ich sage.
Die Frau hat er des Landes verwiesen
und aus der Gegend verjagt.
Sie ging zusammen mit jenem,
für den sie ihren Herrn verraten hat.
Sie hat Kinder genug von ihm bekommen;
die waren später gut zu erkennen
an ihrem Aussehen und ihrem Gesicht:
Viele Frauen dieses Geschlechts,
das ist die Wahrheit, sind ohne Nase geboren worden
und lebten häufig nasenlos.

Diese sonderbare Begebenheit, die ihr gehört habt,
hat sich wirklich zugetragen,[13] zweifelt nicht daran.
Über Bisclavret wurde der *lai* gemacht,
zur Erinnerung an ihn für alle Zeit.

## Lanval

L'Aventure d'un autre lai
Cum ele avint, vus cunterai.
Faiz fu d'un mut gentil vassal: [155a]
En bretans l'apelent *Lanval*.

A Kardoel surjurnot li reis
Artur, li pruz e li curteis,
Pur les Escoz e pur les Pis,
Ki destrueient le païs;
En la tere de Logre entroent
E mut suvent la damagoent.
A la Pentecuste en esté
I aveit li reis sujurné;
Assez i duna riches duns
E as cuntes e as baruns.
A ceus de la Table Roünde –
N'ot tant de teus en tut le munde –
Femmes e teres departi,
Fors a un sul ki l'ot servi:
Ceo fu Lanval; ne l'en sovint
Ne nuls des soens bien ne li tint.
Pur sa valur, pur sa largesce,
Pur sa beauté, pur sa pruësce,
L'envïoent tuit li plusur;
Tels li mustra semblant d'amur,

---

1 Das heutige Carlisle (Cumberland). Der Handlungsraum erinnert an die Zeit, da die walisischen Kelten ganz Cumberland und die westliche Hälfte Englands bis zum Firth of Clyde hielten.

2 Stärker als jeder andere *lai* zeigt sich *Lanval* von der Beschreibung der arthurischen Welt in Waces *Roman de Brut* beeinflusst, s. für die

## Lanval

Die sonderbare Begebenheit zu einem anderen *lai*
[so], wie sie sich zugetragen hat, werde ich euch erzählen.
Verfertigt wurde er über einen sehr edlen Gefolgsmann:
Im Bretonischen nennen sie ihn *Lanval*.

In Kardoel[1] hielt sich der König
Artus auf,[2] der tapfere und höfische,
wegen der Schotten und der Pikten,
die das Land verwüsteten;
in das Land Logrien [England] drangen sie ein
und verheerten es sehr oft.
Zu Pfingsten, im Sommer,
hatte sich der König dort aufgehalten;
viele kostbare Geschenke gab er
sowohl den Grafen als auch den Baronen.
Denen von der Tafelrunde –
so viele Vortreffliche gab es auf der ganzen Welt nicht –
teilte er Ehefrauen und Ländereien aus,
außer einem einzigen, der ihm [ebenfalls] gedient hatte:
Dies war Lanval; er [der König] bedachte ihn nicht,
und keiner der Seinen war ihm gewogen,
denn wegen seiner Trefflichkeit, seiner Großzügigkeit,
seiner Schönheit und seiner Tapferkeit
beneideten ihn die meisten;
mancher bezeigte ihm zum Schein Freundschaft,

---

folgenden Verse insbes. dort vv. 9045, 10201, 10591, 10620, 13269 (Ed. Arnold). Wesentlich ist die Vermittlung des Verschwiegenheitsmotivs, zentral für die Feen-Motivik, mit der zeitgenössischen Vorstellung von ›höfischer Liebe‹.

S'al chevalier mesavenist,
Ja une feiz ne l'en pleinsist!
Fiz a rei fu, de haut parage,
Mes luin ert de sun heritage!
De la meisniee le rei fu?
Tut sun aveir ad despendu,
Kar li reis rien ne li dona
Ne Lanval ne li demanda.
Ore est Lanval mut entrepris,
Mut est dolenz, mut est pensis!
Seignurs, ne vus esmerveillez:
Hum estrange descunseillez,
Mut est dolenz en autre tere,
Quant il ne seit u sucurs quere! [155b]

Li chevaliers dunt jeo vus di,
Ki tant aveit le rei servi,
Un jur munta sur sun destrier,
Si s'est alez esbaneier.
Fors de la vilë est eissuz,
Tuz suls est en un pré venuz;
Sur une ewe curaunt descent,
Mes sis chevals tremble forment;
Il le descengle, si s'en vait,
En mi le pré vuiltrer le lait.
Le pan de sun mantel plia
Desuz sun chief, puis se cucha.
Mut est pensis pur sa mesaise,
Il ne veit chose ki li plaise.
La u il gist en teu maniere,
Garda aval lez la riviere,
Si vit venir deus dameiseles:
Unkes n'en ot veü plus beles!

der ihn – widerführe dem Ritter Unglück –
nicht ein einziges Mal bemitleiden würde!
Der Sohn eines Königs war er, von hoher Abkunft,
aber fern war er von seinen Erbgütern!
Zum Gefolge des Königs gehörte er?
Sein ganzes Vermögen hat er [gleichwohl] ausgegeben,
da der König ihm nichts gab
und Lanval nichts erbat.
Nun ist Lanval in großer Verlegenheit,
sehr betrübt ist er, sehr bekümmert ist er!
Herren, wundert euch nicht:
Ein ratloser Fremder
ist sehr betrübt in einem fremden Land,
wenn er nicht weiß, wo Hilfe suchen!

Der Ritter, von dem ich euch berichte,
der dem König so viele Dienste erwiesen hatte,
stieg eines Tages auf sein Ross
und ist ausgeritten.
Er ist zur Stadt hinausgeritten,
ganz allein ist er zu einer Wiese gekommen;
an einem Wasserlauf steigt er ab,
doch sein Pferd zittert stark;
er gurtet es los und geht weg,
mitten auf der Wiese lässt er es sich suhlen.
Einen Teil seines Mantels faltet er
unter seinem Kopf, dann legt er sich nieder.
Sehr bekümmert ist er wegen seines Elends,
er sieht nichts, was ihn erfreuen könnte.
Da, wo er auf diese Weise verweilte,
hatte er den Blick über das Ufer des Flusses,
und sah zwei Fräulein kommen:
Niemals hatte er schönere gesehen!

Vestues furent richement,
Laciees mut estreitement
En deus bliauz de purpre bis;
Mut par aveient bel le vis!
L'eisnee portout uns bacins
D'or esmeré, bien faiz e fins;
Le veir vus en dirai sanz faile:
L'autre portout une tüaile.
Eles s'en sunt alees dreit
La u li chevaliers giseit.
Lanval, ki mut fu enseigniez,
Cuntre eles s'en levad en piez.
Celes l'unt primes salué,
Lur message li unt cunté:
«Sire Lanval, ma dameisele,
Ki tant est pruz e sage e bele,
Ele nus enveie pur vus; [155c]
Kar i venez ensemble od nus!
Sauvement vus i cundurums:
Veez, pres est li paveilluns.»
Li chevaliers od eles vait,
De sun cheval ne tient nul plait,
Ki devant lui pesseit el pré.

De si qu'al tref l'unt amené,
Ki mut fu beaus e bien asis;
La reïne Semiramis,

---

3 »uns«: *casus rectus* Plural des unbestimmten Artikels. Der Plural ergibt sich ferner aus dem Gebrauch, einem Gast zwei Schalen zu reichen: Wasser wird aus der einen in die andere gegossen, damit sich der Gast die Hände unter dem Wasserstrahl reinigen kann (Tobler/Lommatzsch, s. v. »bacin«). Nach Jeanne Wathelet-Willem: »Le mystère

Gekleidet waren sie kostbar,
ganz eng geschnürt
in zwei lange, dunkel purpurfarbene Gewänder;
ein überaus schönes Gesicht hatten sie!
Die Ältere trug Becken[3]
aus reinem Gold, schön gefertigt und fein;
ich werde euch nur die Wahrheit darüber sagen:
Die andere trug ein Handtuch.
Sie sind geradewegs dorthin gegangen,
wo der Ritter verweilte.
Lanval, der sehr wohlerzogen war,
erhob sich vor ihnen.[4]
Jene haben ihn zuerst gegrüßt,
ihre Botschaft haben sie ihm überbracht:
»Herr Lanval, meine Herrin,
die so edel und weise und schön ist,
sie schickt uns nach Euch;
kommt doch zu ihr, zusammen mit uns!
Sicher werden wir Euch dorthin führen:
Seht, nah ist das Zelt!«
Der Ritter geht mit ihnen,
um sein Pferd, das vor ihm auf der Wiese weidet,
kümmert er sich nicht.

Von hier haben sie ihn bis zum Zelt geführt,
das sehr schön und gut aufgestellt war;
[weder] die Königin Semiramis,

---

chez Marie de France«, in: *Revue belge de philologie et d'histoire* 39 (1961), S. 661–686, handelt es sich bei den Schalen um Attribute der Botin der Anderwelt.

4 Wörtl.: erhob sich vor ihnen auf die Füße.

Quant ele ot unkes plus aveir
E plus pussaunce e plus saveir,
Ne l'emperere Octovïan,
N'esligasent le destre pan.
Un aigle d'or ot desus mis;
De cel ne sai dire le pris,
Ne des cordes ne des peissuns
Ki del tref tienent les giruns:
Suz ciel n'ad rei kis esligast
Pur nul aveir k'il i donast!
Dedenz cel tref fu la pucele;
Flur de lis e rose nuvele,
Quant ele pert al tens d'esté,
Trespassot ele de beauté.
Ele jut sur un lit mut bel –
Li drap valeient un chastel –
En sa chemise senglement.
Mut ot le cors bien fait e gent!
Un chier mantel de blanc hermine,
Covert de purpre alexandrine,
Ot pur le chaut sur li geté;
Tut ot descovert le costé,
Le vis, le col e la peitrine:
Plus ert blanche que flur d'espine!

Li chevaliers avant ala,
E la pucele l'apela; [155d]

**5** Wörtl.: die rechte Seite; das rechte Stück.

**6** Der altfranzösische Text beschreibt den Mantel als »aus Hermelin« (»de blanc hermine«) und nennt dann den purpurnen Deckstoff (»covert«).

[selbst] als sie das größte Vermögen
und die größte Macht und das größte Wissen besaß,
noch der Kaiser Octavian [Augustus]
könnten [auch nur] die rechte Zeltbahn[5] bezahlen.
Ein goldener Adler war darauf befestigt;
seinen Wert weiß ich nicht zu sagen,
noch den der Seile und Pflöcke,
welche die Seiten halten:
Unter dem Himmel gibt es keinen König, der sie bezahlen könnte,
mit keinem Vermögen, das er dafür geben würde!
In diesem Zelt war die Jungfrau;
die Lilienblüte und die junge Rose,
wenn sie zur Sommerzeit erscheint,
übertraf sie an Schönheit.
Sie lag auf einem sehr schönen Bett –
die Laken waren eine Burg wert –
nur in ihrem Hemd.
Sie hatte einen wohlgestalten und anmutigen Körper!
Einen teuren Mantel von alexandrinischem Purpur,
gefüttert mit weißem Hermelin,[6]
hatte sie der Wärme wegen über sich geworfen;
ganz entblößt waren[7] die Seite,
das Gesicht, der Hals und die Brust;
Sie war weißer als eine Weißdornblüte!

Der Ritter trat vor,
und die Jungfrau rief ihn;

7 Wörtl.: hatte sie.

Il s'est devant le lit asis.
«Lanval, fet ele, beus amis,
Pur vus vinc jeo fors de ma tere:
De luinz vus sui venue quere!
Se vus estes pruz e curteis,
Emperere ne quens ne reis
N'ot unkes tant joie ne bien,
Kar jo vus aim sur tute rien.»
Il l'esgarda, si la vit bele.
Amurs le puint de l'estencele
Ki sun quor alume e esprent.
Il li respunt avenantment:
«Bele, fet il, si vus pleiseit
E cele joie m'aveneit
Que vus me vousissez amer,
Ne savrïez rien comander
Que jeo ne face a mun poeir,
Turt a folie u a saveir.
Jeo ferai voz comandemenz;
Pur vus guerpirai tutes genz.
Jamés ne quier de vus partir,
Ceo est la rien que plus desir!»
Quant la meschine oï parler
Celui ki tant la peot amer,
S'amur e sun cors li otreie.
Ore est Lanval en dreite veie!
Un dun li ad duné aprés:
Ja cele rien ne vudra mes
Que il nen ait a sun talent;
Doinst e despende largement
Ele li troverat asez.
Mut est Lanval bien assenez:

er hat sich vor das Bett gesetzt.
»Lanval«, sagt sie, »teurer Freund,
Euretwegen kam ich aus meinem Land heraus.
Von weither bin ich gekommen, um Euch aufzusuchen!
Wenn Ihr edel und höfisch seid,
wird kein Kaiser, Graf oder König
jemals so viel Freude und Glück [wie Ihr] haben,
denn ich liebe Euch über alles!«
Er schaute sie an und sah, dass sie schön war.
Die Liebe sticht ihn mit dem Funken,
der sein Herz entzündet und entfacht.
Er antwortet ihr liebenswürdig:
»Schöne«, sagt er, »wenn es Euch gefiele
und mir diese Freude zuteil würde,
dass Ihr mich lieben wolltet,
[dann] könntet Ihr nichts befehlen,
was ich nicht nach Kräften ausführte,
ob es töricht oder klug ausgeht.
Ich werde Eure Befehle ausführen;
Euretwegen werde ich alle Menschen verlassen.
Niemals will ich von Euch scheiden,
dies ist es, was ich am meisten begehre!«
Als das Mädchen ihn so sprechen hörte,
ihn, der es so sehr zu lieben vermochte,
da gewährte es ihm seine Liebe und seinen Körper.
Nun ist Lanval auf dem rechten Weg!
Ein Geschenk hat sie ihm danach gemacht:
Niemals wieder wird er etwas begehren,
was er nicht nach seinem Wunsch bekomme;
er möge großzügig schenken und [Geld] ausgeben,
sie wird ihm reichlich davon beschaffen.
Lanval ist nun sehr gut versorgt:

Cum plus despendra richement,
E plus avra or e argent!
«Amis, fet ele, or vus chasti, [156a]
Si vus comant e si vus pri:
Ne vus descovrez a nul humme!
De ceo vus dirai ja la summe:
A tuz jurs m'avrïez perdue,
Si ceste amur esteit seüe;
Jamés nem purrïez veeir
Ne de mun cors seisine aveir.»
Il li respunt que bien tendra
Ceo qu'ele li comaundera.
Delez li s'est el lit cuchiez.
Ore est Lanval bien herbergiez!
Ensemble od li la relevee
Demurat tresqu'a la vespree,
E plus i fust, se il poïst
E s'amie li cunsentist.
«Amis, fet ele, levez sus!
Vus n'i poëz demurer plus:
Alez vus en! Jeo remeindrai.
Mes une chose vus dirai:
Quant vus vodrez od mei parler,
Ja ne savrez cel liu penser
U nuls puïst aveir s'amie
Sanz repreoce e sanz vileinie,
Que jeo ne vus seie en present
A fere tut vostre talent;
Nuls hum fors vus ne me verra
Ne ma parole nen orra.»
Quant il l'oï, mut en fu liez;
Il la baisa, puis s'est dresciez.

Je reichlicher er ausgeben wird,
desto mehr Gold und Geld wird er bekommen!
»Geliebter«, sagt sie, »nun ermahne,
befehle und bitte ich Euch:
Offenbart Euch keinem Menschen!
Dafür werde ich Euch gleich den Hauptgrund sagen:
Für immer würdet Ihr mich verloren haben,
wenn diese Liebe bekannt würde;
nie mehr könntet ihr mich sehen,
noch meinen Leib besitzen.«
Er antwortet ihr, dass er sich wohl an das halten wird,
was sie ihm befehlen wird.
Neben sie hat er sich in das Bett gelegt.
Nun ist Lanval gut untergebracht!
Zusammen mit ihr verbrachte er den Nachmittag
bis zum Abend,
und er würde da noch länger sein, wenn er könnte
und wenn seine Geliebte es ihm zugestehen würde.
»Freund«, sagt sie, »erhebt Euch!
Ihr könnt hier nicht länger verweilen:
Geht fort! Ich bleibe zurück.
Aber eines werde ich Euch sagen:
Wenn Ihr [zukünftig] mit mir sprechen wollt,
dann werdet Ihr Euch keinen Ort vorstellen können,
an dem jemand seine Geliebte
ohne Schimpf und Schande haben könnte,
ohne dass ich Euch gleich erschiene,
um Euch ganz zu Willen zu sein;
niemand außer Euch wird mich sehen
und mein[e] Wort[e] hören.«
Als er das hörte, war er darüber sehr erfreut;
er küsste sie, dann hat er sich erhoben.

Celes ki al tref l'amenerent
De riches dras le cunreerent;
Quant il fu vestuz de nuvel,
Suz ciel nen ot plus bel dancel!
N'esteit mie fous ne vileins!
L'ewe li donent a ses meins [156b]
E la tüaille a essuier;
Puis li aportent a mangier.
Od s'amie prist le super:
Ne feseit mie a refuser!
Mut fu serviz curteisement
E il a grant joie le prent.
Un entremés i ot plenier,
Ki mut pleiseit al chevalier,
Kar s'amie baisout sovent
E acolot estreitement!
Quant del mangier furent levé,
Sun cheval li unt amené;
Bien li eurent la sele mise.
Mut ad trové riche servise!
Il prent cungié, si est muntez,
Vers la cité s'en est alez.
Suvent esgarde ariere sei.
Mut est Lanval en grant esfrei!
De s'aventure vait pensaunt
E en sun curage dotaunt;
Esbaïz est, ne seit que creire,
Il ne la quide mie a veire.

Il est a sun ostel venuz,
Ses hummes treve bien vestuz.

---

**8** Wörtl.: für nicht wahr.

Jene, die ihn zum Zelt führten,
statteten ihn mit kostbaren Gewändern aus;
als er neu eingekleidet war,
gab es keinen schöneren Jüngling unter dem Himmel!
Keineswegs töricht oder grob war er!
Das Wasser gaben sie ihm für seine Hände
und das Handtuch zum Abtrocknen;
dann bringen sie ihm zu essen.
Mit seiner Freundin nahm er das Abendessen ein:
Es war keineswegs zu verachten!
Es wurde ganz nach höfischer Art aufgetragen,
und er nimmt es mit großer Freude an.
Eine prächtige [musikalische] Einlage gab es da,
die dem Ritter sehr gefiel,
denn seine Freundin küsste er oft
und umarmte sie inniglich!
Als sie sich vom Essen erhoben hatten,
haben sie ihm sein Pferd gebracht;
gut hatten sie es gesattelt.
Einen großen Dienst[eifer] hat er da angetroffen!
Er nimmt Abschied und ist aufgestiegen,
zur Stadt hin ist er fortgeritten.
Oft schaut er zurück.
Lanval ist in sehr großer Verwirrung!
Über sein Abenteuer denkt er ständig nach
und zweifelt innerlich daran;
er ist bestürzt, weiß nicht, was er glauben soll,
er hält es gar für nicht wirklich geschehen.[8]

Er ist zu seiner Unterkunft gekommen,
seine Gefolgsleute findet er wohlgekleidet.

Icele nuit bon ostel tint,
Mes nuls ne sot dunt ceo li vint.
N'ot en la vile chevalier
Ki de surjur ait grant mestier
Que il ne face a lui venir
E richement e bien servir.
Lanval donout les riches duns,
Lanval aquitout les prisuns,
Lanval vesteit les jugleürs,
Lanval feseit les granz honurs!
N'i ot estrange ne privé [156c]
A ki Lanval n'eüst doné.
Mut ot Lanval joie e deduit:
U seit par jur u seit par nuit,
S'amie peot veeir sovent,
Tut est a sun comandement.

Ceo m'est avis, meïsmes l'an,
Aprés la feste seint Johan,
De si qu'a trente chevalier
S'ierent alé esbanïer
En un vergier, desuz la tur
U la reïne ert a surjur.
Ensemble od eus esteit Walwains
E sis cusins, li beaus Ywains.
Ceo dist Walwains, li francs, li pruz,
Ki tant se fist amer de tuz:
«Par Deu, seignurs, nus feimes mal
De nostre cumpainun Lanval,

---

9 Diese Übersetzung folgt Rieger, S. 221; denkbar und textnäher, aber im Kontext weniger überzeugend, wäre auch »bezeugte große Ehrerbietung«.

In dieser Nacht hielt er eine gastliche Tafel,
aber niemand erfuhr, woher ihm das [der Wohlstand] kam.
In der Stadt gab es keinen Ritter,
der dringend Labung nötig hat,
den er nicht zu sich kommen
und reich und gut bedienen lässt.
Lanval machte reiche Geschenke,
Lanval kaufte die Gefangenen frei,
Lanval kleidete die Spielleute ein,
Lanval führte ein außerordentlich aufwendiges Leben![9]
Es gab keinen Fremden oder Bekannten,
den Lanval nicht beschenkt hätte.
Lanval hatte viel Freude und Vergnügen:
Sei es bei Tag oder bei Nacht,
seine Freundin kann er oft sehen,
alles geht nach seinem Befehl.

Im selben Jahr, wie ich glaube,
nach dem Festtag des Heiligen Johannes,
waren an die dreißig Ritter
spazierengegangen,
in einem Garten, unterhalb des Turms,
in dem die Königin wohnte.
Bei ihnen war Walwain [Gauvain]
und sein Vetter, der schöne Ywain.
Das sagte Walwain, der Edle, der Treffliche,
der sich bei allen so beliebt machte:
»Bei Gott, ihr Herren, wir tun
unserem Gefährten Lanval Unrecht,

Ki tant est larges e curteis
E sis peres est riches reis,
Qu'od nus ne l'avum amené.»
A tant sunt ariere turné;
A sun ostel revunt ariere,
Lanval ameinent par preiere.
A une fenestre entailliee
S'esteit la reïne apuiee;
Treis dames ot ensemble od li.
La maisniee le rei choisi,
Lanval conut e esgarda.
Une des dames apela;
Par li manda ses dameiseles,
Les plus quointes e les plus beles:
Od li s'irrunt esbanïer
La u cil erent el vergier.
Trente en menat od li e plus;
Par les degrez descendent jus. [156d]
Li chevalier encuntre vunt,
Ki pur eles grant joie funt.
Il les unt prises par les mains;
Cil parlemenz n'iert pas vilains!
Lanval s'en vait a une part
Luin des autres; ceo li est tart
Que s'amie puisse tenir,
Baisier, acoler e sentir;
L'autrui joie prise petit,
Si il nen ad le suen delit.
Quant la reïne sul le veit,
Al chevalier en va tut dreit;

---

**10** Oder: aus dem Mauerwerk geschnittenes.

der so freigiebig und höfisch ist
und dessen Vater ein reicher König ist,
weil wir ihn nicht mit uns genommen haben.«
Sodann sind sie umgekehrt;
zu seiner Herberge gehen sie zurück,
sie führen Lanval nach [langem] Bitten herbei.
An ein geschnitztes[10] Fenster
hatte sich die Königin gelehnt;
drei Damen waren bei ihr.
Das Gefolge des Königs erblickte sie,
erkannte Lanval und betrachtete ihn.
Eine der Damen rief sie herbei;
durch diese ließ sie ihre Edelfräulein holen,
die lieblichsten und schönsten:
Mit ihr werden sie spazierengehen,
wo jene [Herren] waren, im Garten.
Dreißig Edelfräulein und mehr führte sie mit sich;
über die Stufen steigen sie hinunter.
Die Ritter, die ihretwegen große Freude bekunden,
gehen [ihnen] entgegen.
Sie haben sie bei den Händen genommen;
dieses Zusammentreffen war nicht unhöfisch!
Lanval geht beiseite,
von den anderen weg; er kann es nicht erwarten,
seine Geliebte zu halten,
zu küssen, zu herzen und zu spüren;
die Freude anderer schätzt er gering,
wenn er seine eigene Lust nicht hat.
Als die Königin ihn allein sieht,
geht sie geradewegs zu dem Ritter:

Lunc lui s'asist, si l'apela,
Tut sun curage li mustra:
«Lanval, mut vus ai honuré
E mut cheri e mut amé;
Tute m'amur poëz aveir.
Kar me dites vostre voleir!
Ma druërie vus otrei:
Mut devez estre liez de mei!»
– «Dame, fet il, lessiez m'ester!
Jeo n'ai cure de vus amer.
Lungement ai servi le rei;
Ne li voil pas mentir ma fei.
Ja pur vus ne pur vostre amur
Ne mesferai a mun seignur.»
La reïne s'en curuça;
Iriee fu, si mesparla:
«Lanval, fet ele, bien le quit,
Vus n'amez gueres cel deduit.
Asez le m'ad hum dit sovent
Que des femmes n'avez talent!
Vallez avez bien afeitiez,
Ensemble od eus vus deduiez.
Vileins cüarz, mauveis failliz, [157a]
Mut est mis sires maubailliz,
Ki pres de lui vus ad suffert,
Mun escïent que Deu en pert.»
Quant il l'oï, mut fu dolenz;
Del respundre ne fu pas lenz.
Teu chose dist par maltalent
Dunt il se repenti sovent.

---

11 Zur Rechtfertigung dieser Übersetzung, die an der in »drüerie« enthaltenen Reziprozität hängt, s. Dubuis (1992), S. 400.

Sie setzte sich neben ihn und sprach ihn an,
legte ihm ihr ganzes Inneres offen:
»Lanval, ich habe Euch in großen Ehren gehalten
und sehr geschätzt und sehr geliebt;
all meine Liebe könnt Ihr haben.
Sagt mir doch Euer Begehren!
Ich entgegne Eure Liebe:[11]
Ihr sollt durch mich sehr glücklich sein!«
»Herrin«, sagt er, »lasst mich!
Ich habe kein Verlangen danach, Euch zu lieben.
Lange habe ich dem König gedient;
ich will nicht mein Treuegelöbnis brechen.
Weder für Euch noch für Eure Liebe
werde ich meinem Herrn Unrecht tun.«
Die Königin ärgerte sich darüber;
sie war erzürnt und schimpfte:
»Lanval«, sagt sie, »ich glaube es wohl,
Ihr mögt dieses Vergnügen gar nicht.
Man hat es mir oft genug gesagt,
dass Ihr auf Frauen keine Lust habt!
Wohlgestalte junge Männer habt Ihr,
zusammen mit Ihnen vergnügt Ihr Euch.
Gemeiner Feigling, übler Schurke,
sehr übel dran ist mein Herr,
dass er Euch bei sich geduldet hat,
denn sicherlich verliert er Gott [sein Seelenheil] deswegen.«
Als er das hörte, war er sehr betrübt;
mit der Antwort ließ er nicht auf sich warten.[12]
Dinge sagte er aus Unmut,
die er [später] oft bereute.

---

**12** Wörtl.: war er nicht langsam.

«Dame, dist il, de cel mestier
Ne me sai jeo nïent aidier.
Mes jo aim e si sui amis
Cele ki deit aveir le pris
Sur tutes celes que jeo sai.
E une chose vus dirai,
Bien le sachiez a descovert:
Une de celes ki la sert,
Tute la plus povre meschine,
Vaut mieuz de vus, dame reïne,
De cors, de vis e de beauté,
D'enseignement e de bunté!»

La reïne s'en part a tant,
En sa chambre s'en vait plurant;
Mut fu dolente e curuciee
De ceo k'il l'out si avilliee.
En sun lit malade cucha;
Jamés, ceo dit, ne levera,
Si li reis ne l'en feseit dreit
De ceo dunt ele se pleindreit.
Li reis fu del bois repeiriez;
Mut out le jur esté haitiez.
Es chambres la reïne entra.
Quant el le vit, si se clamma;
As piez li chiet, merci li crie,
E dit que Lanval l'ad hunie:
De druërie la requist;
Pur ceo qu'ele l'en escundist, [157b]
Mut la laidi e avila;
De tel amie se vanta

13 Zu dieser Übersetzung von »drüerie« s. erneut Dubuis (1992), S. 397.

»Herrin«, sagt er, »mit dieser Art [Liebes-]Handwerk
weiß ich mir gar nicht zu helfen.
Aber ich liebe jene, und ich bin ihr Geliebter,
die den Preis davontragen muss
vor all jenen, die ich kenne.
Und eines werde ich Euch sagen,
erfahrt es ganz unverhüllt:
Eine einzige von denen, die ihr dienen,
das armseligste Mädchen,
ist mehr wert als Ihr, Herrin und Königin,
nach Gestalt, nach Gesicht und nach Schönheit,
nach Bildung und nach Güte!«

Die Königin wendet sich daraufhin ab,
in ihre Kammer geht sie weinend;
sie war sehr schmerzerfüllt und erbost
darüber, dass er sie so erniedrigt hatte.
Krank legte sie sich ins Bett;
nie, das sagt sie, wird sie mehr aufstehen,
wenn der König ihr nicht zu ihrem Recht verhelfen würde,
in der Sache, über die sie Klage führen würde.
Der König war aus dem Wald zurückgekehrt;
an dem Tag war er sehr fröhlich gewesen.
Er trat in die Gemächer der Königin.
Als sie ihn sah, erhob sie Klage;
sie fällt ihm zu Füßen, fleht ihn um Erbarmen an
und sagt, dass Lanval sie gedemütigt hat:
Er hielt bei ihr um ein Liebesverhältnis[13] an;
weil sie ihn darin abwies,
beschimpfte und erniedrigte er sie sehr;
er rühmte sich einer solchen Freundin,

Ki tant iert cuinte e noble e fiere
Que mieuz valeit sa chamberiere,
La plus povre ki la serveit,
Que la reïne ne feseit.
Li reis s'en curuçat forment;
Juré en ad sun serement,
S'il ne s'en peot en curt defendre,
Il le ferat ardeir u pendre.

Fors de la chambre eissi li reis;
De ses baruns apelat treis.
Il les enveie pur Lanval,
Ki asez ad dolur e mal.
A sun ostel fu revenuz;
Il s'esteit bien aparceüz
Qu'il aveit perdu s'amie:
Descovert ot la druërie!
En une chambre fu tuz suls;
Pensis esteit e anguissus.
S'amie apele mut sovent,
Mes ceo ne li valut neent.
Il se pleigneit e suspirot,
D'ures en autres se pasmot;
Puis li crie cent feiz merci,
Qu'ele parolt a sun ami.

---

**14** Hier und im Rest des Satzes im Afrz. Imperfekt, im Dt. indirekte Rede, da der Inhalt der Denunziation wiedergegeben wird.

**15** Zum Prozess Lanvals, dessen Darstellung den zeitgenössischen Rechtspraktiken folgt, s. insbes. Elizabeth A. Francis: »The trial in Lanval«, in: *Studies in French Language and Mediaeval Literature presented to Mildred K. Pope*, Manchester 1939, S. 115–124, sowie die präzise

die so anmutig und edel und stolz wäre,[14]
dass ihre Kammerfrau,
die armseligste, die ihr dient,
mehr wert wäre als die Königin.
Der König erboste sich gewaltig darüber;
geschworen hat er seinen Eid, dass er ihn,
wenn er sich in dieser Sache nicht vor dem [Gerichts-]Hof zu verteidigen vermag,
verbrennen und hängen lassen wird.

Der König ging aus der Kammer hinaus;
er rief drei seiner Barone.[15]
Er schickt sie nach Lanval,
der viel Schmerz und Ungemach empfindet.
Zu seiner Herberge war er zurückgekehrt;
er hatte wohl bemerkt,
dass er seine Geliebte verloren hatte:
Aufgedeckt hatte er das Liebesverhältnis!
In einer Kammer war er ganz allein;
besorgt war er und ängstlich.
Seine Freundin ruft er sehr oft,
doch dies nützt ihm nichts.
Er klagte und seufzte,
von einer Stunde zur anderen wurde er ohnmächtig;
dann fleht er sie hundertmal um Erbarmen an,
auf dass sie zu ihrem Geliebten spreche.

---

Rekonstruktion in Marie de France: *Le lai de Lanval. Texte critique et édition diplomatique des quatre manuscrits français par Jean Rychner, accompagné du texte du Ianuals ljođ et de sa traduction française, avec une introduction et des notes, par Paul Aebischer*, Genf 1958 (Textes littéraires français), S. 78–84.

Sun quor e sa buche maudit;
C'est merveille k'il ne s'ocit!
Il ne seit tant crier ne braire
Ne debatre ne sei detraire
Qu'ele en veulle merci aveir,
Sul tant que la puisse veeir.
Oi las, cument se cuntendra?
Cil ke li reis i enveia,
Il sunt venu, si li unt dit [157c]
Qu'a la curt voise sanz respit:
Li reis l'aveit par eus mandé;
La reïne l'out encusé.
Lanval i vet od sun grant doel;
Il l'eüssent ocis sun veoil!

Il est devant le rei venuz;
Mut fu pensis, taisanz e muz,
De grant dolur mustre semblant.
Li reis li dit par maltalant:
«Vassal, vus m'avez mut mesfait;
Trop començastes vilein plait
De mei hunir e avillier
E la reïne ledengier!
Vantez vus estes de folie:
Trop par est noble vostre amie,
Quant plus est bele sa meschine
E plus vaillanz que la reïne!»
Lanval defent la deshonur
E la hunte de sun seignur

---

**16** Wörtl.: Gerühmt habt Ihr Euch einer Torheit.

Sein Herz und seinen Mund verflucht er;
es ist ein Wunder, dass er sich nicht das Leben nimmt!
Er vermag nicht so sehr zu schreien und zu heulen
und sich mühen und sich quälen,
dass sie Erbarmen mit ihm haben wolle,
dass er sie auch nur sehen könne.
O weh, wie wird er sich verhalten?
Diejenigen, die der König herschickte,
sind angekommen, und sie haben ihm gesagt,
dass er unverzüglich an den Hof gehen möge:
Der König hatte durch sie nach ihm verlangt;
die Königin hatte ihn beschuldigt.
Lanval geht mit seinem großen Schmerz dorthin;
[wenn es] nach seinem Willen [gegangen wäre], hätten sie ihn getötet!

Er ist vor den König getreten;
er war sehr besorgt, schweigsam und stumm,
er zeigt großen Schmerz.
Unwillig sagt der König zu ihm:
»Vasall, Ihr habt mir großes Unrecht zugefügt;
Ihr habt da eine gar zu gemeine Sache angefangen,
mich zu demütigen und zu erniedrigen
und die Königin zu beleidigen!
Töricht habt Ihr geprahlt:[16]
Gar zu edel ist Eure Freundin,
wenn ihre Magd schöner und
vortrefflicher ist als die Königin!«
Lanval streitet ab, die Entehrung
und die Schmach seines Herrn [verursacht zu haben],

De mot en mot si cum il dist
Que la reïne ne requist.
Mes de ceo dunt il ot parlé
Reconut il la verité,
De l'amur dunt il se vanta;
Dolenz en est, perdue l'a!
De ceo lur dit qu'il en ferat
Quanque la curz esgarderat.

Li reis fu mut vers lui iriez:
Tuz ses hummes ad enveiez
Pur dire dreit qu'il en deit faire,
C'um ne li puisse a mal retraire.
Cil unt sun commandement fait:
U eus seit bel u eus seit lait,
Comunement i sunt alé;
Si unt jugié e esgardé [157d]
Que Lanval deit aveir un jur,
Mes plegges truisse a sun seignur
Qu'il atendra sun jugement
E revendra en sun present;
Si serat la cruz esforciee,
Kar n'i ot dunc fors la maisniee.
Al rei revienent li barun,
Si li mustrerent la reisun.
Li reis ad plegges demandez;
Lanval fu suls e esgarez,
N'i aveit parent ne ami.
Walwains i vait, ki l'a plevi,

17 Wörtl.: einen Tag haben soll.

Wort für Wort, so wie er [der König] sie [die Anklage] sprach,
denn er umwarb die Königin nicht.
Aber er erkannte die Wahrheit dessen an,
wovon er gesprochen hatte,
[nämlich] der Liebe, deren er sich rühmte;
darüber ist er sehr traurig, er hat sie verloren!
Diesbezüglich sagt er ihnen, dass er tun wird,
was auch immer der Hof für Recht erkennen wird.

Der König war über ihn sehr erzürnt:
Alle seine Gefolgsleute hat er fortgeschickt,
um Recht [das Urteil] zu sprechen, das er in dieser Sache
erlassen soll,
damit man es ihm nicht übel auslegen könne.
Jene haben seinen Befehl ausgeführt:
Ob es ihnen gefällt oder missfällt,
gemeinsam sind sie dahin gegangen;
und sie haben geurteilt und für Recht erkannt,
dass Lanval an einem festgesetzten Tag wieder erscheinen soll,[17]
aber er möge seinem Herrn Bürgen dafür finden,
dass er sein Urteil erwarten
und selbst wiederkommen wird;
auch wird der Gerichtshof verstärkt werden,
denn es war zu dieser Zeit nur das [königliche] Gefolge da.
Zum König kommen die Barone zurück,
und legten ihm das [weitere] Vorgehen dar.
Der König hat Bürgen verlangt;
Lanval war allein und hilflos,
er hatte da weder einen Verwandten noch einen Freund.
Walwain geht hin, der es verbürgt hat,

E tuit si cumpainun aprés.
Li reis lur dit: «E jol vus les
Sur quanke vus tenez de mei,
Teres e fieus, chescuns par sei.»
Quant pleviz fu, dunc n'i ot el:
Alez s'en est a sun ostel.
Li chevalier l'unt conveié;
Mut l'unt blasmé e chastïé
Qu'il ne face si grant dolur,
E maudient si fole amur.
Chescun jur l'aloent veeir,
Pur ceo k'il voleient saveir
U il beüst u il mangast:
Mut dotouent k'il s'afolast!

Al jur que cil orent numé
Li barun furent asemblé.
Li reis e la reïne i fu,
E li plegge unt Lanval rendu.
Mut furent tuit par lui dolent;
Jeo quid k'il en i ot teus cent
Ki feïssent tut lur poeir
Pur lui sanz pleit delivre aveir:
Il iert rettez a mut grant tort. [158a]
Li reis demande le recort
Sulunc le cleim e les respuns;
Ore est trestut sur les baruns.
Il sunt al jugement alé.

Mut sunt pensif e esgaré
Del franc humme d'autre païs

und alle seine Gefährten nach ihm.
Der König sagt zu ihnen: »Und ich überlasse ihn euch
bei allem, was ihr von mir haltet,
Ländereien und Lehen, jeder für sich.«
Als die Bürgschaft geleistet war, da gab es nichts anderes [mehr
zu tun]:
Er [Lanval] ist nach Hause gegangen.
Die Ritter haben ihn begleitet;
sie haben ihn getadelt und ermahnt,
dass er nicht so großen Schmerz bezeige,
und sie verfluchten eine so törichte Liebe.
Jeden Tag gingen sie ihn besuchen,
weil sie wissen wollten,
ob er trinken und essen würde:
Sie fürchteten sehr, dass er sich etwas zuleide tun würde!

An dem Tag, den sie genannt hatten,
waren die Barone versammelt.
Der König und die Königin waren zugegen,
und die Bürgen haben Lanval übergeben.
Seinetwegen waren alle sehr betrübt;
ich glaube, dass es unter ihnen hundert gab,
die alles in ihrer Macht Stehende täten,
um ihn ohne Anklage freizubekommen:
Er war ganz zu Unrecht angeklagt.
Der König verlangt die Klageschrift
gemäß der Anklage und die Erwiderung;
nun liegt alles bei den Baronen.
Sie haben sich zur Urteilsfindung begeben.
Sie sind sehr besorgt und unruhig

wegen des edlen Mannes aus einem anderen Land,
der unter ihnen so in Schwierigkeiten geraten war.

Ki entre eus ert si entrepris.
Encumbrer le veulent plusur
Pur la volenté lur seignur.
Ceo dist li quoens de Cornẅaille:
«Ja endreit nus n'i avra faille,
Kar ki qu'en plurt ne ki qu'en chant,
Le dreit estuet aler avant.
Li reis parla vers sun vassal
Que jeo vus oi numer Lanval;
De felunie le retta
E d'un mesfait l'acheisuna,
D'une amur dunt il se vanta,
E ma dame s'en curuça.
Nuls ne l'apele fors le rei.
Par cele fei ke jeo vus dei,
Ki bien en veut dire le veir,
Ja n'i deüst respuns aveir
Si pur ceo nun qu'a sun seignur
Deit hum partut fairë honur.
Uns seremenz l'en gagera
E li reis le nus pardura.
E s'il peot aveir sun guarant
E s'amie venist avant,
E ceo fust veir k'il en deïst,
Dunt la reïne se marist,
De ceo avra il bien merci,
Quant pur vilté nel dist de li.
E s'il ne peot garant aveir,
Ceo li devum faire saveir: [158b]
Tut sun servise pert del rei
E sil deit cungeer de sei.»

Belasten wollen ihn mehrere,
um ihrem Herrn willfährig zu sein.
Dies sagte der Graf von Cornwall:
»Was uns betrifft, wird es kein Fehlverhalten geben,
denn ob man darüber weinen oder singen mag,
das Recht muss vorgehen.
Der König erhob Anklage gegen seinen Vasallen,
den ich euch Lanval nennen höre;
des Treuebruchs klagte er ihn an
und eines Vergehens beschuldigte er ihn,
einer Liebe, deren er sich rühmte,
und meine Herrin erzürnte sich darüber.
Niemand klagt ihn an außer dem König.
Bei der Treue, die ich euch schulde,
wenn man dazu wohl die Wahrheit sagen will,
dann dürfte er in dieser Angelegenheit keine Klage erheben,
wenn nicht deshalb, dass man seinem Herrn
immer und überall Ehre erweisen muss.
Ein Schwur wird ihn daran [an die Beteuerung seiner Unschuld] binden,
und der König wird ihn uns überlassen.
Und wenn er einen Bürgen beibringen kann
und seine Geliebte vorträte
und es wahr wäre, was er über sie sagte
und worüber sich die Königin ärgerte,
wird er dafür wohl Vergebung erlangen,
wenn er es nicht aus Gemeinheit über sie sagte.
Und wenn er keinen Bürgen beibringen kann,
müssen wir ihn [den König] dies wissen lassen:
Seine ganze Stellung im Dienst des Königs verliert er [dann],
und er [der König] muss ihn aus seinen Diensten entlassen.«

Al chevalier unt enveié
E si li unt dit e nuntié
Que s'amie face venir
Pur lui tencer e garentir.
Il lur dit que il ne poeit:
Ja par li sucurs nen avreit.

C'il s'en revunt as jugeürs
Ki n'i atendent nul sucurs.
Li reis les hastot durement
Pur la reïne, kis atent.
Quant il deveient departir,
Deus puceles virent venir
Sur deus beaus palefreiz amblanz;
Mut par esteient avenanz!
De cendal purpre sunt vestues
Tut senglement a lur chars nues.
Cil les esgardent volentiers.
Walwains, od lui treis chevaliers,
Vait a Lanval, si li cunta,
Les deus puceles li mustra;
Mut fu haitiez, forment li prie
Qu'il li deïst si c'ert s'amie.
Il lur ad dit ne seit ki sunt
Ne dunt vienent n'u eles vunt.»
Celes sunt alees avant
Tut a cheval; par tel semblant
Descendirent devant le deis
La u seeit Artur li reis.
Eles furent de grant beuté,
Si unt curteisement parlé:
«Reis, fai tes chambres delivrer
E de palies encurtiner

Sie haben [Boten] nach dem Ritter geschickt
und ihm gesagt und gemeldet,
dass er seine Freundin kommen lassen soll,
um ihn zu verteidigen und für ihn zu bürgen.
Er sagt ihnen, dass er [es] nicht könnte:
Nie würde er Hilfe von ihr bekommen.

Jene [die Boten] kehren zu den Richtern zurück,
die da auf keine Hilfe mehr warten [sollen].
Der König drängte sie sehr,
wegen der Königin, die [auf das Urteil der Richter] wartet.
Als sie zur Entscheidung kommen sollen,
sehen sie zwei Jungfrauen nahen
auf zwei schönen Zeltern im Passgang;
überaus anmutig waren sie!
In purpurfarbenen Seidenstoff sind sie gekleidet,
[sie tragen ihn] direkt auf ihrer nackten Haut.
Jene betrachten sie mit Wohlgefallen.
Walwain, mit ihm drei Ritter,
geht zu Lanval und berichtet [es] ihm,
die beiden Jungfrauen zeigt er ihm;
er war sehr froh, eindringlich bittet er ihn,
ihm zu sagen, ob dies [eine der beiden] seine Freundin wäre.
Er hat ihnen gesagt, dass er nicht weiß, wer sie sind,
noch woher sie kommen oder wohin sie gehen.
Jene [Jungfrauen] sind herangekommen
hoch zu Ross; dergestalt
stiegen sie ab vor dem runden Tisch,
dort, wo der König Artus saß.
Sie waren von großer Schönheit
und haben auf höfische Weise gesprochen:
»König, lass Gemächer herrichten
und mit Brokat behängen,

U ma dame puisse descendre: [158c]
Ensemble od vus veut ostel prendre.»
Il lur otreie volentiers;
Si appela deus chevaliers,
As chambre les menerent sus.
A cele feiz ne distrent plus.

Li reis demande a ses baruns
Le jugement e les respuns,
E dit que mut l'unt curucié
De ceo que tant l'unt delaié.
«Sire, funt il, nus departimes
Pur les dames que nus veïmes;
Nus n'i avum nul esgart fait.
Or recumencerum le plait.»
Dunc assemblerent tuit pensif;
Asez i ot noise e estrif.
Quant il ierent en cel esfrei,
Deus puceles de gent cunrei,
Vestues de deus palies freis –
Chevauchent deus muls espanneis –
Virent venir la rue aval.
Grant joie en eurent li vassal!
Entre eus dirent qu'ore est gariz
Lanval, li pruz e li hardiz.
Yweins en est a lui alez,
Ses cumpainuns i ad menez.
«Sire, fet il, rehaitiez vus!
Pur amur Deu, parlez od nus!
Ici vienent deus dameiseles,
Mut acemees e mut beles:
C'est vostre amie veirement!»
Lanval respunt hastivement

wo meine Herrin absteigen kann:
Bei Euch will sie Herberge nehmen.«
Er gesteht es ihnen gerne zu;
und er rief zwei Ritter,
die führten sie hinauf zu den Gemächern.
Für dieses Mal sagten sie nichts weiter.

Der König fordert von seinen Baronen
das Urteil und die Erwiderung
und sagt, dass sie ihn deshalb sehr verärgert haben,
weil sie es so lange aufgeschoben haben.
»Herr«, sagen sie, »wir gingen auseinander
wegen der Damen, die wir sahen;
wir haben in der Angelegenheit kein Urteil gefällt.
Nun werden wir das Verfahren wieder aufnehmen.«
Dann versammelten sie sich ganz bedrückt;
viel Tumult und Streit gab es dabei.
Als sie in dieser Aufregung waren,
sahen sie zwei Jungfrauen in stattlicher Aufmachung,
bekleidet mit zwei [gold]durchwirkten Brokatkleidern –
sie reiten zwei spanische Maultiere –
die Straße hinabkommen.
Große Freude empfanden die Vasallen darüber!
Unter sich sagen sie, dass Lanval gerettet ist,
der Kühne und der Mutige.
Ywein ist zu ihm gegangen,
seine Gefährten hat er dorthin geführt.
»Herr«, sagt er, »seid wieder froh!
Um Gottes willen, sprecht mit uns!
Hier kommen zwei Edelfräulein,
reich geschmückt und sehr schön:
Das ist sicherlich Eure Geliebte!«
Lanval antwortet rasch

E dit qu'il pas nes avuot
N'il nes cunut ne nes amot.
A tant furent celes venues,
Devant le rei sunt descendues. [158d]
Mut les loërent li plusur
De cors, de vis e de colur:
N'i ad cele mieuz ne vausist
Qu'unkes la reïne ne fist.
L'aisnee fu curteise e sage,
Avenantment dist sun message:
«Reis, kar nus fai chambres baillier
A oés ma dame herbergier:
Ele vient ci a tei parler.»
Il les cumandë a mener
Od les autres ki ainceis vindrent.
Unkes des muls nul plait ne tindrent.

Quant il fu d'eles delivrez,
Puis ad tuz ses baruns mandez,
Que li jugemenz seit renduz:
Trop ad le jur esté tenuz;
La reïne s'en curuçot,
Que trop lungement jeünot.
Ja departissent a itant,
Quant par la vile vint errant
Tut a cheval une pucele.
En tut le siecle n'ot plus bele!
Un blanc palefrei chevauchot,
Ki bel e suëf la portot;
Mut ot bien fet e col e teste,
Suz ciel nen ot plus gente beste!

---

**18** Wörtl.: zu lange fastete sie (schon).

und sagt, dass er sie nicht erkannte,
sie nicht kannte und sie nicht liebte.
Bald waren jene herangekommen,
vor dem König sind sie abgestiegen.
Sehr lobten sie die meisten
für ihre Gestalt, ihr Gesicht und ihren Teint:
Es gibt keine [unter ihnen], die nicht mehr wert wäre,
als die Königin es je war.
Die ältere war höfisch und klug,
anmutig trug sie ihre Botschaft vor:
»König, lass uns nur Gemächer geben,
um meine Herrin zu beherbergen:
Sie kommt hierher, um mit Dir zu sprechen.«
Er befiehlt, sie zu den anderen zu führen,
die zuvor kamen.
Um die Maultiere kümmerten sie sich überhaupt nicht.

Als er ihrer entledigt war,
hat er darauf alle seine Barone kommen lassen,
damit das Urteil gefällt werde:
Zu oft ist es an dem Tag aufgehalten worden;
die Königin ärgerte sich darüber,
denn zu lange wartete sie schon auf ihr Mahl.[18]
Schon sollten sie zu einer Entscheidung kommen,
als eine Jungfrau hoch zu Ross
schnell durch die Stadt geritten kam.
Im ganzen Zeitalter gab es keine schönere!
Einen weißen Zelter ritt sie,
der sie sanft und sachte trug;
sehr wohlgestalt waren Kopf und Hals,
unter dem Himmel gab es kein edleres Tier!

Riche atur ot el palefrei:
Suz ciel nen ad cunte ne rei
Ki tut le peüst eslegier
Sanz tere vendre u engagier.
Ele iert vestue en itel guise
De chainse blanc e de chemise
Que tuit li costé li pareient,
Ki de deus parz lacié esteient.
Le cors ot gent, basse la hanche, [159a]
Le col plus blanc que neif sur branche;
Les oilz ot vairs e blanc le vis,
Bele buche, neis bien asis,
Les surcilz bruns e bel le frunt,
E le chief cresp e aukes blunt:
Fils d'or ne gette tel luur
Cum si chevel cuntre le jur!
Sis manteus fu de purpre bis;
Les pans en ot entur li mis.
Un espervier sur sun poin tint
E uns levriers aprés li vint.
Il n'ot el burc petit ne grant,
Ne li veillard ne li enfant,
Ki ne l'alassent esgarder,
Si cum il la veient errer.
De sa beauté n'iert mie gas!
Ele veneit plus que le pas.
Li jugeür ki la veeient
A grant merveille le teneient:
Il n'ot un sul ki l'esgardast
De dreite joie s'eschaufast!
Cil ki le chevalier amoent
A lui vienent, si li cuntouent

Reiches Geschirr hatte der Zelter:
Unter dem Himmel gibt es keinen Grafen oder König,
der es ganz bezahlen könnte,
ohne Land zu verkaufen oder zu verpfänden.
Sie war auf eine solche Weise
mit einem weißen Kleid und einem Hemd bekleidet,
dass ihre ganzen Seiten sichtbar waren,
die beiderseits geschnürt waren.
Sie hatte einen anmutigen Leib, mit tiefen Hüften,
den Hals weißer als Schnee auf einem Zweig;
sie hatte leuchtende Augen und ein weißes Antlitz,
einen schönen Mund und eine wohlgestalte Nase,
braune Augenbrauen und eine schöne Stirn,
und den Kopf gelockt und ziemlich blond:
Ein Goldfaden strahlt nicht solches Leuchten aus
wie ihr Haar gegen das Tageslicht!
Ihr Mantel war aus dunklem Purpur;
die Schöße hatte sie um sich gelegt.
Einen Sperber hielt sie auf ihrer Faust,
und ein Windhund kam ihr nach.
Im Burgflecken gab es weder groß noch klein,
weder Alte noch Kinder,
die nicht hingingen, um sie anzuschauen,
so wie sie sie [vorbei]kommen sehen.
Ihre Schönheit war kein Scherz!
Sie kam schneller als im Schritt daher.
Die Richter, die sie erblickten,
hielten es für ein großes Wunder:
Es gab keinen einzigen, der sie ansah,
dem nicht vor wahrer Freude warm [ums Herz] würde!
Diejenigen, die den Ritter mochten,
kommen zu ihm, und sie erzählten ihm

De la pucele ki veneit,
Si Deu plest, kil delivereit.
«Sire cumpain, ci en vient une,
Mes el n'est pas fauve ne brune:
Ceo est la plus bele del mund,
De tutes celes ki i sunt!»
Lanval l'oï, sun chief dresça,
Bien la cunut, si suspira;
Li sancs li est muntez al vis.
De parler fu aukes hastifs:
«Par fei, fet il, ceo est m'amie!
Or ne m'est gueres ki m'ocie, [159b]
Si ele n'ad merci de mei,
Kar gariz sui quant jeo la vei!»

La pucele entra el palais:
Unkes si bele n'i vint mais!
Devant le rei est descendue,
Si que de tuz iert bien veüe.
Sun mantel ad laissié cheeir,
Que mieuz la peüssent veeir.
Li reis, ki mut fu enseigniez,
Il s'est encuntre li dresciez,
E tuit li autre l'enurerent;
De li servir se presenterent.
Quant il l'orent bien esgardee
E sa beauté asez loëe,

---

**19** Die folgende Szene ist präzise abgestimmt auf die Notwendigkeiten des anhängigen Prozesses: Die Fee bürgt für Lanval, durch das Vorzeigen ihrer Schönheit (v. 605 f.), durch die Erklärung ihrer Liebe zu Lanval (v. 615 f.). »aquitez« in v. 623 benennt terminologisch präzise die

von der Jungfrau, die herankam und die ihn,
wenn es Gott gefällt, erlösen würde.
»Herr Gefährte, hier kommt eine,
aber die ist weder rothaarig noch braunhaarig:
Das ist die Schönste von der Welt,
von all denen, die da sind!«
Lanval hörte es, erhob sein Haupt,
er erkannte sie wohl und seufzte,
das Blut ist ihm ins Gesicht gestiegen.
Zu sprechen hob er eilig an:
»Meiner Treu«, sagt er, »das ist meine Geliebte!
Nun ist es mir gleichgültig, wer mich töten soll,
wenn sie kein Erbarmen mit mir hat,
denn gerettet bin ich, wenn ich sie [nur] sehe!«

Die Jungfrau ritt in den Palast:
Noch nie kam dorthin eine so schöne!
Vor dem König ist sie abgestiegen,
so dass sie von allen gut gesehen wurde.[19]
Ihren Mantel hat sie fallen lassen,
damit man sie besser sehen könnte.
Der König, der sehr gesittet war,
hat sich erhoben, um sie zu empfangen,
und alle anderen erwiesen ihr die Ehre;
ihr zu Diensten zu sein boten sie sich an.
Als sie sie gut angeschaut
und ihre Schönheit genug gepriesen hatten,

---

Funktion des Bürgen, der den Angeklagten dadurch entlastet, dass er sich an seiner statt dem Gericht stellt und seine Behauptungen bezeugt.

Ele parla en teu mesure,
Kar de demurer nen ot cure:
«Reis, j'ai amé un tuen vassal;
Veez le ci: ceo est Lanval!
Acheisunez fu en ta curt.
Ne vuil mie qu'a mal li turt
De ceo qu'il dist, ceo saches tu,
Que la reïne ad tort eü:
Unkes nul jur ne la requist.
De la vantance ke il fist,
Si par mei peot estre aquitez,
Par voz baruns seit delivrez!»
Ceo qu'il en jugerunt par dreit
Li reis otrie k'issi seit.
N'i ad un sul ki n'ait jugié
Que Lanval ad tut desrainié:
Delivrez est par lur esgart.
E la pucele s'en depart,
Ne la peot li reis retenir;
Asez gent ot a li servir.

Fors de la sale aveient mis [159c]
Un grant perrun de marbre bis,
U li pesant humme muntoent,
Ki de la curt le rei aloent.
Lanval esteit muntez desus.
Quant la pucele ist fors a l'us,
Sur le palefrei, detriers li,
De plain eslais Lanval sailli!

---

**20** Entsprechende Podeste, *perrons* oder *pierres avaloires*, sind nahe Eingangstoren und an Straßen bezeugt.

sprach sie wie folgt,
denn sie wollte nicht säumen:
»König, ich habe einen Deiner Vasallen geliebt,
seht ihn hier: Es ist Lanval!
Angeklagt wurde er vor Deinem Hof.
Ich will nicht, dass ihm Schaden erwachse
aus dem, was er sagte, das sollst Du wissen,
dass die Königin Unrecht gehabt hat:
Niemals, niemals hielt er um sie an.
Von der Prahlerei, die er äußerte, sei er,
wenn er durch mich entlastet werden kann,
durch Eure Barone freigesprochen!«
Das, was sie für Recht erachten werden,
gesteht der König zu, solle so geschehen.
Da ist kein einziger, der nicht geurteilt hat,
dass Lanval alles entkräftet hat:
Durch ihren Urteilsspruch wird er befreit.
Und die Jungfrau bricht auf,
der König kann sie nicht zurückhalten;
viele Leute waren da, um ihr zu Diensten zu sein.

Außerhalb des Saales hatte man
ein großes Podest aus dunklem Marmor errichtet,[20]
wo die schwer[gerüstet]en Männer aufstiegen,
die vom Hof des Königs fortritten.
Lanval war darauf gestiegen.
Als die Jungfrau zum Tor hinausreitet,
sprang Lanval, mit vollem Schwung,
auf den Zelter, hinter sie!

Od li s'en vait en Avalun,
Ceo nus recuntent li Bretun,
En un isle ki mut est beaus.
La fu raviz li dameiseaus!
Nuls hum n'en oï plus parler
Ne jeo n'en sai avant cunter.

**21** Wörtl.: niemand hörte mehr von ihm sprechen.

Mit ihr geht er fort nach Avalon,
das erzählen uns die Bretonen,
auf eine Insel, die sehr schön ist.
Dorthin wurde der junge Edelmann entrückt!
Niemand hörte mehr von ihm,[21]
und [auch] ich weiß nichts weiter zu erzählen.

## Yonec

Puis que des lais ai comencié,
Ja n'iert pur mun travail laissié;
Les aventures que j'en sai,
Tut par rime les cunterai.
En pensé ai e en talent
Que d'Iwenec vus die avant
Dunt il fu nez, e de sun pere
Cum il vint primes a sa mere.
Cil qui engendra Yvvenec
Aveit a nun Muldumarec.

En Bretaingne maneit jadis
Uns riches hum, vielz e antis;
De Carwent fu avouez
E del païs sire clamez.
La citez siet sur Duëlas;
Jadis i ot de nes trespas.

---

1 Der Name begegnet in der handschriftlichen Überlieferung und dazu innerhalb des Textes in unterschiedlichen Formen, im Titel (H: Ywenet, S: Dyonec, Q: Yonet, fehlt in P), in v. 6 (H: Iwenec, S: Iomet, Q: Yonet, fehlt in P), v. 9 (H: Yvvenec, S: Dyomet, Q: Yonet, fehlt in P), v. 330 (H: Yonec, S: Yonet, Q: Ivonet, fehlt in P), v. 461 (H: Yonec, S: Ionet, Q: Ionet, P: Iunec) und v. 553 (H: Yonec, S: Yonet, Q: Yonec, P: Iunec). Wilhelm Hertz: *Spielmannsbuch. Novellen in Versen aus dem 12. und 13. Jahrhundert*, zweite, verbesserte und vermehrte Auflage, Stuttgart 1900, S. 152, sieht im Namen ein Diminutiv des bretonischen Namen *Iwon* oder *Iwein*; Brugger, »Eigennamen in den *Lais* der Marie de France«, S. 381–403, nimmt eine Ableitung von bretonisch *Eduinet* an, Urban T. Holmes: »Yonec«, in: *Modern Philology* 29 (1931), S. 225–229, leitet den Namen von bretonisch **dihudennêc* ›der Tröstende‹ ab. Glyn

# Yonec

Da ich nun *luis* begonnen habe,
wird davon, trotz meiner Mühe, nicht abgelassen werden;
die merkwürdigen Begebenheiten, die ich aus ihnen kenne,
werde ich vollständig gereimt erzählen.
Ich habe die Absicht und Lust,
euch im folgenden von Yonec[1] zu berichten,
wo er geboren wurde, und von seinem Vater,
wie er zum ersten Mal zu seiner Mutter kam.
Jener, der Yvvenec zeugte,
trug den Namen Muldumarec.

In der Bretagne lebte einst
ein reicher Mann, alt und betagt,
von Carwent[2] war er Vogt,
und wurde Herr über das ganze Land geheißen.
Die Stadt liegt am Duëlas;
früher kamen dort Schiffe durch.

---

S. Burgess kommentiert in seiner Edition, S. 179, bei *Yonec* handele es sich um einen bretonischen Diminutiv zu *Iwon* (walisisch *Owen*), vom altkeltischen *Esugenus* ›abstammend von Esus, dem Gott des Donners‹.

2 Die Lokalisierung der Handlung bereitet Schwierigkeiten: Carwent ist das antike Venta Silurum in Südwales (heute Caerwent, Monmouthshire), nicht weit von Karlion (vgl. v. 469 ff.), oder Winchester, das alte Venta Belgarum. An keinem der beiden Orte fließt indes ein Fluss Duëlas. Brugger, S. 410–420, nimmt deshalb eine armorikanische Verbindung an, die durch die Namen *Yonec* und *Muldumarec* nahegelegt wird. Ein Flüsschen namens Daoulas nahe Finisterre passte dann ins Bild.

Mut fu trespassez en eage.
Pur ceo k'il ot bon heritage,
Femme prist pur enfanz aveir,
Ki aprés lui fuissent si heir.
De haute gent fu la pucele,
Sage, curteise e forment bele,
Ki al riche hume fu donee;
Pur sa beauté l'ad mut amee.
De ceo ke ele iert bele e gente, [161c]
En li garder mist mut s'entente;
Dedenz sa tur l'ad enserreie
En une grant chambre pavee.
Il ot une sue serur,
Veille ert e vedve, sanz seignur;
Ensemble od la dame l'ad mise
Pur li tenir mieuz en justise.
Autres femmes i ot, ceo crei,
En une autre chambre par sei,
Mes ja la dame n'i parlast,
Si la vielle nel comandast.
Issi la tint plus de set anz.
Unques entre eus n'eurent enfanz
Ne fors de cele tur n'eissi,
Ne pur parent ne pur ami.
Quant li sires s'alot cuchier,
N'i ot chamberlenc ne huissier
Ki en la chambre osast entrer
Ne devant lui cirge alumer.
Mut ert la dame en grant tristur,
Od lermes, od suspir e plur;
Sa beuté pert en teu mesure
Cume cele ki n'en ad cure.

Er war in sehr fortgeschrittenem Alter.
Weil er über ein gutes Erbe verfügte,
nahm er eine Frau, um Kinder zu bekommen,
die nach ihm [nach seinem Tod] seine Erben würden.
Von vornehmer Abstammung war das Mädchen,
klug, höfisch und sehr schön,
das dem reichen Mann [zur Frau] gegeben wurde;
ihrer Schönheit wegen hat er sie sehr geliebt.
Weil sie schön und anmutig war,
verwandte er seine ganze Sorgfalt darauf, sie zu bewachen;
in seinem Turm hat er sie eingeschlossen,
in ein großes, mit Stein ausgelegtes Gemach.
Er hatte eine Schwester,
alt war sie und Witwe, ohne Ehemann;
die hat er mit seiner Dame zusammengetan,
um diese besser in Zucht zu halten.
[Noch] andere Frauen gab es dort, glaube ich,
in einem anderen Gemach für sich,
doch nie würde die Dame mit ihnen sprechen,
wenn die Alte es nicht gebieten würde.
So hielt er sie mehr als sieben Jahre [fest].
Nie hatten sie gemeinsame Kinder,
nie ging sie aus diesem Turm hinaus,
weder zu Verwandten noch zu einem Freund.
Wenn der Herr sich schlafen legte,
dann war da weder ein Kammerherr noch ein Türhüter,
der es wagte, das Gemach zu betreten
oder eine Kerze davor anzuzünden.
Die Dame war voll tiefer Trauer,
[stets] in Tränen, seufzend und weinend;
ihre Schönheit verliert sie so,
wie diejenige [Frau], die sich [um ihre Schönheit] nicht kümmert.

De sei meïsme mieuz vousist
Que morz hastive la preisist.

Ceo fu el meis d'avril entrant,
Quant cil oisel meinent lur chant.
Li sires fu matin levez;
D'aler en bois s'est aturnez.
La vielle ad fete lever sus
E aprés lui fermer les hus.
Cele ad fet sun comandement.
Li sires s'en vet od sa gent.
La vielle portot sun psautier,
U ele voleit verseiller. [161d]
La dame, em plur e en esveil,
Choisi la clarté del soleil.
De la vielle est aparceüe
Que de la chambre esteit eissue.
Mut se pleineit e suspirot
E en plurant se dementot:
«Lasse, fait ele, mar fui nee!
Mut est dure ma destinee!
En ceste tur sui en prisun,
Ja n'en istrai si par mort nun.
Cist vielz gelus, de quei se crient,
Que en si grant prisun me tient?
Mut par est fous e esbaïz!
Il crient tuz jurs estre trahiz!
Jeo ne puis al mustier venir
Ne le servise Deu oïr.
Si jo puïsse od gent parler
E en deduit od lui aler,

3 »Mustier«, pop. mlat. *munisterium* ›Konvent‹, ›Kloster‹, ›Kirche‹.

Sie selbst wollte wohl,
dass ein schneller Tod sie ereilte.

Es war früh im Monat April,
[zu der Zeit, da] die Vögel ihren Gesang anstimmen.
Der Herr war am Morgen aufgestanden;
in den Wald zu gehen hatte er sich angeschickt.
Er hat die Alte angewiesen, aufzustehen
und hinter ihm die Türen abzuschließen.
Diese hat seine Anweisung ausgeführt.
Der Herr bricht mit seinen Gefolgsleuten auf.
Die Alte bringt ihren Psalter mit dorthin,
wo sie daraus lesen wollte.
Die Dame gewahrte, unter Tränen erwachend,
die Helligkeit der Sonne.
Sie nahm wahr, dass die Alte
aus dem Gemach gegangen war.
Sie quälte sich sehr und seufzte,
und weinend klagte sie:
»Ach«, sagte sie, »zu meinem Unglück wurde ich geboren!
Sehr hart ist mein Schicksal!
In diesem Turm bin ich gefangen,
nie werde ich ihn verlassen, es sei denn tot.
Dieser eifersüchtige Alte, wovor fürchtet er sich,
dass er mich in so strenger Haft hält?
Er ist so überaus töricht und dumm!
Er fürchtet immer, betrogen zu werden!
Ich kann weder zur Kirche[3] gehen,
noch den Gottesdienst hören.
Könnte ich mit jemandem sprechen
und mit ihm zu einer Vergnügung gehen,

Jo li mustrasse beu semblant,
Tut n'en eüsse jeo talant.
Maleeit seient mi parent
E li autre communalment
Ki a cest gelus me donerent
E de sun cors me marïerent!
A forte corde trai e tir,
Il ne purrat jamés murir!
Quant il dut estre baptiziez,
Si fu el flum d'enfern plungiez:
Dur sunt li nerf, dures les veines,
Ki de vif sanc sunt tutes pleines!
Mut ai sovent oï cunter
Que l'em suleit jadis trover
Aventures en cest païs
Ki rehaitouent les pensis.
Chevalier trovoent puceles [162a]
A lur talent, gentes e beles,
E dames truvoent amanz
Beaus e curteis, pruz e vaillanz,
Si que blasmees n'en esteient
Ne nul fors eles nes veeient.
Si ceo peot estrë e ceo fu,
Si unc a nul est avenu,
Deus, ki de tut ad poësté,
Il en face ma volenté!»

Quant ele ot fait sa pleinte issi,
L'umbre d'un grant oisel choisi

---

4 Wörtl.: mit seinem Leib verheirateten.

5 Die Verse 85–86 variieren ein Sprichwort: »A longue corde tire / Qui autrui mort desire« (»An einem langen Strick zieht, wer den Tod

dann würde ich mich freundlich zeigen,
obwohl ich gar keine Lust dazu hätte.
Verflucht seien meine Eltern,
und die anderen mit ihnen,
die mich diesem Eifersüchtigen [zur Frau] gaben
und mich mit ihm verheirateten.[4]
An einem festen Strick ziehe und zerre ich,
er wird niemals sterben können![5]
Als er getauft werden sollte,
ist er sicher in den Höllenfluss getaucht worden:
Hart sind die Sehnen, hart die Adern,
die [doch noch] ganz voll sind mit lebendigem Blut!
Sehr oft habe ich erzählen hören,
dass man in diesem Land früher
abenteuerliche Geschichten zu erfinden pflegte,
welche die Betrübten aufheiterten.
Ritter fanden Mädchen
ganz nach Wunsch, hold und schön,
und Damen fanden Liebhaber,
schön und höfisch, edel und vortrefflich,
ohne dass sie [die Damen] dafür getadelt wurden
und jemand außer ihnen sie [die Liebhaber] sah.
Wenn dies möglich ist und wenn es so war,
wenn es je jemandem so geschehen ist,
dann erfülle Gott, der über alles Macht hat,
meinen Wunsch!«

Als sie derart ihre Klage geführt hatte,
bemerkte sie den Schatten eines großen Vogels

---

eines anderen herbeiwünscht«). Vgl. Samuel Singer: *Sprichwörter des Mittelalters*, 3 Bde., Bern 1944–1947, II, S. 78 f.

Par mi une estreite fenestre;
Ele ne seit que ceo pout estre.
En la chambre volant entra;
Giez ot as piez, ostur sembla,
De cinc mues fu u de sis.
Il s'est devant la dame asis.
Quant il i ot un poi esté
E ele l'ot bien esgardé,
Chevaliers bels e genz devint.
La dame a merveille le tint;
Li sens li remut e fremi,
Grant poür ot, sun chief covri.
Mut fu curteis li chevaliers,
Il la areisunat primiers:
«Dame, fet il, n'eiez poür:
Gentil oisel ad en ostur!
Si li segrei vus sunt oscur,
Gardez ke seiez a seür,
Si fetes de mei vostre ami!
Pur ceo, fet il, vinc jeo ici.
Jeo vus ai lungement amee
E en mun quor mut desiree;
Unkes femme fors vus n'amai
Ne jamés autre n'amerai. [162b]
Mes ne poeie a vus venir
Ne fors de mun paleis eissir,
Si vus ne m'eüssez requis.
Or puis bien estre vostre amis!»
La dame se raseüra,
Sun chief descovri, si parla;

---

**6** »sen(s)« für »sanc«, eine in der altfranzösischen Überlieferung geläufige Verwechselung.

über einem schmalen Fenster;
sie weiß nicht, was das sein kann.
In das Gemach kam er geflogen;
Riemen hatte er an den Klauen, ein Habicht schien er [zu sein],
und hatte fünf Mauser oder sechs hinter sich.
Er hat sich vor der Dame niedergelassen.
Als er dort ein wenig verweilt hatte
und sie ihn genau angeschaut hatte,
verwandelte er sich in einen schönen und edlen Ritter.
Die Dame hielt es für ein Wunder;
das Blut[6] wallte in ihr und sie erzitterte,
große Angst hatte sie und verhüllte ihr Haupt.
Sehr höfisch war der Ritter
und richtete als erster das Wort an sie:
»Herrin«, sagt er, »habt keine Angst:
Ein edler Vogel ist der Habicht![7]
Wenn Euch die Geheimnisse auch dunkel bleiben,
so wisst doch, dass Ihr in Sicherheit seid,
wenn Ihr mich zu Eurem Geliebten macht!
Deshalb«, sagt er, »kam ich hierher.
Ich habe Euch [schon] lange geliebt
und in meinem Herzen sehr begehrt;
nie liebte ich eine Frau außer Euch,
und nie werde ich eine andere lieben.
Doch ich konnte nicht zu Euch gelangen
und nicht meinen Palast verlassen,
wenn Ihr nicht nach mir verlangt hättet.
Nun kann ich wirklich Euer Geliebter sein!«
Die Dame beruhigte sich,
sie enthüllte ihr Haupt und sprach;

7 Wörtl.: einen edlen Vogel hat es im Habicht.

Li chevalier ad respundu
E dit qu'ele en ferat sun dru,
S'en Deu creïst e issi fust
Que lur amur estre peüst,
Kar mut esteit de grant beauté:
Unkes nul jur de sun eé
Si bel chevalier n'esgarda
Ne jamés si bel ne verra.
«Dame, dit il, vus dites bien.
Ne vodreie pur nule rien
Que de mei i ait acheisun,
Mescreauncë u suspesçun.
Jeo crei mut bien el Creatur,
Ki nus geta de la tristur
U Adam nus mist, nostre pere,
Par le mors de la pumme amere;
Il est e ert e fu tuz jurs
Vie e lumiere as pecheürs.
Si vus de ceo ne me creez,
Vostre chapelain demandez,
Dites ke mals vus ad susprise,
Si volez aveir le servise
Que Deus ad el mund establi,
Dunt li pecheür sunt gari.
La semblance de vus prendrai,
Le cors Damedeu recevrai,
Ma creance vus dirai tute:
Ja mar de ceo serez en dute!»
El li respunt que bien ad dit.
Delez li s'est cuchiez el lit,

**8** Wörtl.: durch das die Sünder geheilt werden; ein Bezug auf das geläufige *Christus medicus*-Bildfeld.

dem Ritter hat sie geantwortet
und gesagt, dass sie aus ihm ihren Geliebten machen würde,
wenn er an Gott glauben würde und es [dadurch] so wäre,
dass ihre Liebe möglich sein könnte,
denn er war von großer Schönheit:
Noch nie in ihrem Leben
hat sie einen so schönen Ritter erblickt,
und nie wieder wird sie einen so schönen sehen.
»Dame«, sagt er, »Ihr sprecht wohl.
Um nichts [in der Welt] möchte ich,
dass es eine Beschuldigung gegen mich gebe,
einen falschen Verdacht oder Argwohn.
Ich glaube wohl an den Schöpfer,
der die Trauer von uns nahm,
die Adam über uns gebracht hat, unser Vater,
durch den Biss in den bitteren Apfel;
er ist und war und wird immer
das Leben und das Licht der Sünder sein.
Wenn ihr mir das nicht glaubt,
bittet Euren Kaplan hierher,
sagt, dass Euch ein Übel überfallen hat,
dass Ihr das heilige Sakrament empfangen wollt,
das Gott in der Welt gestiftet hat,
durch das die Sünder erlöst werden.[8]
Ich werde Euer Aussehen annehmen,
den Leib Gottes empfangen,
Euch mein Glaubensbekenntnis vortragen:
Zweifelt nicht daran!«
Sie antwortet ihm, dass er wohl gesprochen habe.
Neben sie hat er sich ins Bett gelegt,

Mes il ne vout a li tuchier
Ne d'acoler ne de baisier.
A tant la veille est repeiriee;
La dame trovat esveilliee,
Dist li que tens est de lever:
Ses dras li voleit aporter.
La dame dist qu'ele est malade:
Del chapelain se prenge garde,
Sil face tost a li venir,
Kar grant poür ad de murir.
La vielle dist: «Vus sufferez!
Mis sires est el bois alez;
Nuls n'entrera caënz fors mei.»
Mut fu la dame en grant esfrei;
Semblant fist qu'ele se pasma.
Cele le vit, mut s'esmaia;
L'us de la chambre ad defermé,
Si ad le prestre demandé,
E cil i vint cum plus tost pot:
*Corpus domini* aportot.
Li chevaliers l'ad receü,
Le vin del chalice beü.
Li chapeleins s'en est alez
E la vielle ad les us fermez.
La dame gist lez sun ami:
Unke si bel cuple ne vi!

Quant unt asez ris e jué
E de lur priveté parlé,
Li chevaliers ad cungié pris:
Raler s'en voelt en sun païs.

---

**9** Wörtl.: gespielt.

er wollte sie nicht anrühren,
sie weder berühren noch küssen.
Dann ist die Alte zurückgekommen;
sie fand die Dame wach vor,
sie sagte ihr, dass es Zeit sei aufzustehen:
ihre Kleider wollte sie ihr bringen.
Die Dame sagte, dass sie krank ist:
Für den Kaplan möge sie sorgen,
ihn rasch zu ihr kommen lassen,
denn sie hat große Angst zu sterben.
Die Alte sagt: »Ihr werdet Geduld haben [müssen]!
Mein Herr ist in den Wald gegangen;
niemand außer mir wird hier hereinkommen.«
Die Dame war in sehr großer Angst;
sie tat so, als ob sie ohnmächtig würde.
Jene [die Alte] sah dies, sie erschreckte sich sehr;
die Tür zum Gemach hat sie aufgeschlossen
und hat den Priester hergebeten,
und dieser kam, so schnell er konnte:
Den Leib des Herrn brachte er mit.
Der Ritter empfing ihn,
und trank den Wein aus dem Kelch.
Der Kaplan ist [wieder] gegangen,
und die Alte hat die Türen verschlossen.
Die Dame liegt neben ihrem Freund:
Nie sah ich ein so schönes Paar!

Als sie genug gelacht und das Liebesspiel genossen[9]
und über ihr Geheimnis gesprochen hatten,
hat der Ritter Abschied genommen:
Zurückkehren will er in sein Land.

Ele le prie ducement
Que il la reveie sovent.
«Dame, fet il, quant vus plerra,
Ja l'ure ne trespassera; [162d]
Mes tel mesure en esgardez
Que nus ne seium encumbrez.
Ceste vielle nus traïra,
E nuit e jur nus gaitera;
Ele parcevra nostre amur,
Sil cuntera a sun seignur.
Si ceo avient cum jeo vus di
E nus seium issi trahi,
Ne m'en puis mie departir
Que mei n'en estuce murir.»

Li chevaliers a tant s'en veit;
A grant joie s'amie leit.
El demain lieve tute seine;
Mut fu haitiee la semeine.
Sun cors teneit en grant chierté:
Tute recovre sa beauté.
Or li plest plus a surjurner
Qu'en nul autre deduit aller!
Sun ami voelt suvent veeir
E de lui sun delit aveir;
Des que sis sires s'en depart,
E nuit e jur e tost e tart
Ele l'ad tut a sun pleisir.
Or l'en duinst Deus lunges joïr!

Pur la grant joie u ele fu
Que suvent puet veeir sun dru,

Sie bittet ihn zärtlich,
dass er sie oft wiedersehe.
»Herrin«, sagt er, »wann immer es Euch gefällt,
da wird keine Stunde vergehen;
fasst aber Maßnahmen dafür ins Auge,
dass wir nicht belästigt werden.
Diese Alte wird uns verraten,
uns Tag und Nacht belauschen;
sie wird unsere Liebe bemerken,
es ihrem Herrn berichten.
Wenn es so kommt, wie ich es Euch sage,
und wir so verraten werden,
[dann] kann ich nicht davonkommen,
ohne sterben zu müssen.

Sodann bricht der Ritter auf;
in großer Freude lässt er seine Geliebte zurück.
Am Morgen steht sie ganz gesund auf;
die [ganze] Woche über war sie sehr vergnügt.
Um ihr Äußeres sorgt sie sich [nun]:
Sie erlangt ihre ganze Schönheit zurück.
Nun gefällt es ihr mehr, hier zu verweilen,
als irgendeinem anderen Vergnügen nachzugehen!
Ihren Geliebten will sie häufig sehen
und ihre Wonne mit ihm haben;
sobald ihr Herr fortgeht,
in der Nacht und am Tag, früh und spät,
hat sie ihn [ihren Geliebten] ganz nach Herzenslust.
Möge Gott ihr diese Freude nur lange Zeit gewähren!

Der großen Freude wegen, in der sie sich befand,
weil sie häufig ihren Geliebten sehen kann,

Esteit tuz sis semblanz changiez.
Sis sire esteit mut veiziëz:
En sun curage s'aparceit
Qu'autrement est k'il ne suleit.
Mescreance ad vers sa serur.
Il la met a reisun un jur
E dit que mut ad grant merveille
Que la dame si s'appareille;
Demande li que ceo deveit. [163a]
La vielle dist qu'el ne saveit,
Kar nuls ne pot parler od li
Ne ele n'ot dru ne ami,
Fors tant que sule remaneit
Plus volentiers qu'el ne suleit:
De ceo s'esteit aperceüe.
Dunc l'ad li sires respundue:
«Par fei, fet il, ceo qui jeo bien.
Or vus estuet fere une rien:
Al matin, quant jeo erc levez
E vus avrez les hus fermez,
Fetes semblant de fors eissir,
Si la lessiez sule gisir;
En un segrei liu vus estez
E si veez e esgardez
Que ceo peot estre e dunt ço vient
Ki en si grant joie la tient.»
De cel cunseil sunt departi.
Allas! Cum ierent malbailli
Cil ke l'un veut si agaitier
Pur eus traïr e enginnier!

Tiers jurs aprés, ç'oï cunter,
Fet li sires semblant d'errer.

war ihr ganzes Äußeres verändert.
Ihr Herr war sehr schlau:
Innerlich bemerkte er,
dass es anders ist, als es zu sein pflegte.
Argwohn hegt er gegen seine Schwester.
Eines Tages stellt er sie zur Rede
und sagt, dass es ihn sehr wundert,
dass die Dame sich so herausputzt;
er fragt sie, was das sollte.
Die Alte sagte, dass sie es nicht weiß,
denn niemand kann mit ihr sprechen,
sie hat keinen Geliebten oder Freund,
dass sie jetzt nur lieber allein blieb,
als sie es zuvor zu tun pflegte:
Dies hatte sie bemerkt.
Darauf hat ihr der Herr geantwortet:
»Fürwahr«, sagt er, »das glaube ich wohl.
Nun, da müsst Ihr etwas tun:
Am Morgen, wenn ich auf sein werde
und Ihr die Türen verschlossen haben werdet,
tut so, als ginget Ihr hinaus,
lasst sie allein [im Bett] liegen;
Ihr bleibt in einem Versteck
und schaut und beobachtet,
was das sein kann und woher das kommt,
das sie so glücklich sein lässt.«
Mit diesem Plan sind sie auseinandergegangen.
O weh! Wie unglücklich werden jene sein,
die man so belauern will,
um sie zu verraten und zu überlisten!

Drei Tage später, so hörte ich es erzählen,
tut der Herr so, als würde er verreisen.

A sa femme ad dit e cunté
Que li reis l'ad par brief mandé,
Mes hastivement revendra.
De la chambre ist e l'us ferma.
Dunc s'esteit la vielle levee,
Triers une cortine est alee;
Bien purrat oïr e veeir
Ceo qu'ele cuveite a saveir.
La dame jut, pas ne dormi,
Kar mut desire sun ami.
Venuz i est, pas ne demure,
Ne trespasse terme ne hure. [163b]
Ensemble funt joie mut grant
E par parole e par semblant,
De si ke tens fu de lever,
Kar dunc li estuveit aler.
Cele le vit, si l'esgarda,
Coment il vint e il ala.
De ceo ot ele grant poür
Qu'hume le vit e pus ostur.
Quant li sires fu repeiriez,
Ki gueres n'esteit esluignez,
Cele li ad dit e mustré
Del chevalier la verité,
E il en est forment pensifs.
Des engins faire fu hastifs
A ocire le chevalier.
Broches de fer fist granz furgier
A acerer le chief devant:
Suz ciel n'ad rasur plus trenchant!

---

**10** Wörtl.: überschreitet weder Zeit noch Stunde.

Seiner Frau sagte er und machte ihr vor,
dass der König per Brief nach ihm geschickt hat,
er jedoch eilig zurückkehren werde.
Er geht aus dem Zimmer und verschließt das Gemach.
Alsdann hatte sich die Alte erhoben,
ist hinter einen Vorhang gegangen;
gut wird sie hören und sehen können,
was sie zu erfahren begehrt.
Die Dame lag da, sie schlief nicht,
denn sehr sehnte sie sich nach ihrem Freund.
Er ist gekommen, er säumt nicht,
kommt im rechten Moment.[10]
Zusammen bereiten sie sich sehr große Freude,
in Wort und in Verhalten,
bis es Zeit war aufzustehen,
denn dann musste er gehen.
Jene [die Alte] sah ihn, beobachtete ihn,
wie er kam und wie er ging.
Sie hatte große Angst deshalb,
weil sie ihn als Menschen sah und als Habicht.
Als der Herr zurückgekehrt war,
der sich nicht weit entfernt hatte,
hat jene ihm die Wahrheit über den Ritter
gesagt und dargelegt,
und er ist darüber äußerst besorgt.
Er hatte es eilig, Fallen herzustellen,
um den Ritter umzubringen.
Starke Eisenspieße ließ er schmieden
und das vordere Ende schärfen:
Unter dem Himmel gibt es keine schärfere Klinge!

Quant il les ot apparailliees
E de tutes parz enfurchiees,
Sur la fenestre les ad mises,
Bien serreies e bien asises,
Par unt li chevaliers passot,
Quant a la dame repeirot.
Deus, qu'il ne sout la traïsun
Que aparaillot le felun!

El demain a la matinee,
Li sires lieve ainz l'ajurnee
E dit qu'il voet aler chacier.
La vielle le vait cunveier,
Pus se recuche pur dormir,
Kar ne poeit le jur choisir.
La dame veille, si atent
Celui qu'ele eime lealment,
E dit qu'or purreit bien venir [163c]
E estre od li tut a leisir.
Si tost cum el l'ad demandé,
N'i ad puis gueres demuré:
En la fenestre vint volant.
Mes les broches furent devant:
L'une le fiert par mi le cors,
Li sans vermeilz en sailli fors!
Quant il se sot a mort nafrez,
Desferre sei, enz est entrez.
Devant la dame el lit descent,
Que tuit li drap furent sanglent.

---

**11** »enfurchiees« bleibt unklar.

**12** Im Afrz. *casus obliquus.*

Nachdem er sie so hergerichtet
und an allen Enden mit Widerhaken versehen hatte,[11]
hat er sie am Fenster angebracht,
eng gesetzt und fest verankert
am Fenster, durch das der Ritter hindurchkam,
wenn er zur Dame zurückkam.
Mein Gott, warum erfuhr er nichts von dem heimtückischen
Plan,
den der Schurke[12] schmiedete!

Am nächsten Tag, in der Frühe,
steht der Herr vor Tagesanbruch auf
und sagt, dass er jagen gehen will.
Die Alte geleitet ihn hinaus
und legt sich dann wieder hin, um zu schlafen,
denn sie sah es noch nicht dämmern.[13]
Die Dame wacht, sie erwartet
denjenigen, den sie aufrichtig liebt,
und sagt [sich], dass er wohl kommen
und nach Herzenslust bei ihr sein könnte.
Sobald sie nach ihm verlangt hat,
hat er nicht lang gesäumt:
Durch das Fenster kam er geflogen.
Aber die Spieße waren davor:
Einer dringt ihm mitten durch den Leib,
das rote Blut spritzte hervor!
Als er sich tödlich verwundet wusste,
befreit er sich von den Eisen und kommt herein [in das Gemach].
Er sinkt vor der Dame auf das Bett,
so dass die Laken ganz von Blut befleckt werden.

---

13 Wörtl.: denn sie konnte den Tag noch nicht sehen.

Ele veit le sanc e la plaie,
Mut anguissusement s'esmaie.
Il li ad dit: «Ma duce amie,
Pur vostre amur perc jeo la vie.
Bien le vus dis qu'en avendreit:
Vostre semblanz nus ocireit.»
Quant el l'oï, dunc chiet pasmee;
Tute fu morte une loëe.
Il la cunforte ducement
E dit que dols n'i vaut nïent:
De lui est enceinte d'enfant.
Un fiz avra, pruz e vaillant;
Icil la recunforterat.
Yönec numer le ferat.
Il vengerat e lui e li,
Il oscirat sun enemi.

Il ne peot dunc demurer mes,
Kar sa plaie seignot adés;
A grant dolur s'en est partiz.
Ele le siut a mut granz criz.
Par une fenestre s'en ist;
C'est merveille k'el ne s'ocist,
Kar bien aveit vint piez de haut
Iloec u ele prist le saut! [163d]
Ele esteit nue en sa chemise.
A la trace del sanc s'est mise
Ki del chevalier degotot
Sur le chemin u ele alot.
Icel sentier errat e tint,
De si qu'a une hoge vint.

---

14 Wörtl.: bricht sie auf.

Sie sieht das Blut und die Wunde,
ganz fürchterlich erschreckt sie sich.
Er hat ihr gesagt: »Meine teure Freundin,
aus Liebe zu Euch verliere ich das Leben.
Wohl sagte ich Euch voraus, was geschehen würde:
Euer Verhalten würde uns umbringen.«
Als sie dies hörte, fällt sie ohnmächtig nieder;
einen Augenblick lang war sie wie tot.
Er tröstet sie zärtlich
und sagt, dass Jammern vergeblich sei:
Sie geht mit einem Kind von ihm schwanger.
Einen Sohn wird sie haben, edel und vortrefflich;
dieser wird sie trösten.
Yonec wird sie ihn nennen lassen.
Er wird ihn und sie rächen,
er wird seinen Feind töten.

Alsdann kann er nicht länger bleiben,
denn seine Wunde blutet weiter;
unter großen Schmerzen bricht er auf.
Sie folgt ihm mit sehr lauten Klagerufen.
Durch ein Fenster flieht sie;[14]
es ist ein Wunder, dass sie sich nicht tödlich verletzte,
denn wohl zwanzig Fuß hoch war es dort,
von wo sie sprang!
Sie war nackt unter ihrem Hemd.
Sie ist der Spur des Blutes gefolgt,
das vom Ritter auf den Weg tropfte,
auf dem sie ging.
Diesen Pfad ging und hielt sie,
bis sie an einen Hügel kam.

En cele hoge ot une entree,
De cel sanc fu tute arusee;
Ne pot nïent avant veeir.
Dunc quidot ele bien saveir
Que sis amis entrez i seit:
Dedenz se met a grant espleit.
El n'i trovat nule clarté.
Tant ad le dreit chemin erré
Que fors de la hoge est issue
E en un mut bel pré venue.
Del sanc trovat l'erbe moilliee,
Dunc s'est ele mut esmaiee.
La trace ensiut par mi le pré.
Asez pres ot une cité.
De mur fu close tut entur;
N'i ot mesun, sale ne tur
Ki ne parust tute d'argent;
Mut sunt riche li mandement.
Devers le burc sunt li mareis
E les forez e li difeis.
De l'autre part, vers le dunjun,
Curt une ewe tut envirun;
Ileoc arivoent les nefs,
Plus i aveit de treis cenz tres.
La porte aval fu desfermee;
La dame est en la vile entree
Tuz jurs aprés le sanc novel,
Par mi le burc, desk'al chastel.
Unkes nuls a li ne parla,
Humme ne femme n'i trova.
El paleis vient al paviment, [164a]
Del sanc le treve tut sanglent.

In diesen Hügel gab es einen Eingang,
der war ganz und gar mit Blut getränkt;
sie konnte weiter [drinnen] nichts erkennen.
Doch meinte sie sicher zu wissen,
dass ihr Geliebter dort hineingegangen sei:
In großer Eile dringt sie ins Innere ein.
Sie fand dort keinerlei Licht.
So lange ist sie geradeaus gegangen,
bis sie aus dem Hügel herausgekommen
und zu einer sehr schönen Wiese gekommen ist.
Von Blut fand sie das Gras befeuchtet,
da ist sie sehr erschrocken.
Sie folgt der Spur über die Wiese.
Ziemlich nah lag eine Stadt.
Von einer Mauer war sie ganz umschlossen;
kein Haus, keinen Saal oder Turm gab es dort,
der nicht ganz aus Silber zu sein schien;
sehr prachtvoll sind die Gebäude.
Neben dem Burgflecken liegen die Sümpfe
und die Wälder und die Schonungen.
Auf der anderen Seite, zum Burgfried hin,
fließt ein Wasserlauf ganz herum;
dort legten die Schiffe an,
es waren da mehr als dreihundert Masten.
Das untere Tor war nicht geschlossen;
die Dame hat die Stadt betreten,
immer noch dem frischen Blut nach,
durch den Ort hindurch bis zur Burg.
Niemand sprach sie an,
weder Mann noch Frau traf sie dort an.
Sie kommt in den Palast, [in den] mit Steinplatten ausgelegt[en Saal],
sie findet ihn ganz mit Blut befleckt.

En une bele chambre entra,
Un chevalier dormant trova;
Nel cunut pas, si vet avant.
En une autre chambre plus grant
Un lit trevë e nïent plus,
Un chevalier dormant desus.
Ele s'en est utre passee,
En la tierce chambre est entree:
Le lit sun ami ad trové.
Li pecol sunt d'or esmeré;
Ne sai mie les dras preisier;
Li cirgë e li chandelier,
Ki nuit e jur sunt alumé,
Valent tut l'or d'une cité.
Si tost cum ele l'ad veü,
Le chevalier ad cuneü.
Avant alat tute esfreee,
Par desus lui cheï pasmee.
Cil la receit ki forment l'aime;
Maleürus sovent se claime.
Quant del pasmer fu trespassee,
Il l'ad ducement cunfortee:
«Bele amie, pur Deu merci,
Alez vus en, fuiez d'ici!
Sempres murai en mi le jur;
Ci einz avrat si grant dolur,
Si vus i esteiez trovee,
Mut en serïez turmentee.
Bien iert entre ma gent seü
Que m'unt por vostre amur perdu.
Pur vus sui dolenz e pensis.»
La dame li ad dit: «Amis,

Sie betrat ein schönes Gemach,
fand einen schlafenden Ritter;
sie kannte ihn nicht, so geht sie weiter.
In einem anderen, größeren Gemach
fand sie ein Bett und nichts weiter,
darauf einen schlafenden Ritter.
[Auch] dieses hat sie durchschritten,
hat das dritte Gemach betreten:
Das Bett ihres Freundes hat sie gefunden.
Die Bettpfosten sind aus lauterem Gold;
den Wert der Laken vermag ich nicht zu schätzen;
die Kerzen und die Leuchter,
die Nacht und Tag brennen,
sind das ganze Gold einer Stadt wert.
Sobald sie ihn gesehen hat,
hat sie den Ritter erkannt.
Sie trat vor, ganz erschrocken,
über ihm brach sie ohnmächtig zusammen.
Jener, der sie innig liebt, empfängt sie [in seinen Armen];
oft beklagt er sein Unglück.
Als sie wieder aus der Ohnmacht erwacht war,
hat er sie zärtlich getröstet:
»Teure Freundin, um Gottes Barmherzigkeit willen,
geht fort, flieht von hier!
Bald, um die Mittagszeit, werde ich sterben;
hier wird so großer Schmerz herrschen,
dass Ihr, wenn Ihr hier gefunden würdet,
in große Bedrängnis gerietet.
Sicher wird es unter meinen Leuten bekannt werden,
dass sie mich Eurer Liebe wegen verloren haben.
Um Euch bin ich bekümmert und besorgt.«
Die Dame hat ihm gesagt: »Geliebter,

Mieuz voil ensemble od vus murir [164b]
Qu'od mun seignur peine suffrir:
S'a lui revois, il m'ocira!»
Li chevaliers l'aseüra:
Un anelet li ad baillé,
Si li ad dit e enseigné,
Ja tant cum el le gardera,
A sun seignur n'en membera
De nule rien ki fete seit,
Ne ne l'en tendrat en destreit.
S'espee li cumande e rent
Puis la cunjurë e defent
Que ja nuls hum n'en seit saisiz,
Mes bien la gart a oés sun fiz.
Quant il serat creüz e granz
E chevaliers pruz e vaillanz,
A une feste u ele irra
Sun seigneur e lui amerra.
En une abbeïe vendrunt;
Par une tumbe k'il verrunt
Orrunt renoveler sa mort
E cum il fu ocis a tort.
Ileoc li baillerat s'espeie.
L'aventure li seit cuntee
Cum il fu nez, ki l'engendra:
Asez verrunt k'il en fera.
Quant tut li ad dit e mustré,
Un chier bliaut li ad doné;
Si li cumandë a vestir,
Puis l'ad fete de lui partir.
Ele s'en vet, l'anel enporte
E l'espee ki la cunforte.

lieber will ich mit Euch zusammen sterben,
als bei meinem Herrn Qualen erleiden:
Wenn ich zu ihm zurückgehe, wird er mich töten!«
Der Ritter beruhigte sie:
Er hat ihr einen kleinen Ring übergeben
und hat ihr gesagt und erklärt, dass sich ihr Ehemann,
solange sie ihn [den Ring] behalten wird,
an nichts erinnern wird von dem,
was geschehen sei,
und sie [deshalb] auch nicht züchtigen werde.
Sein Schwert vertraut er ihr an und gibt es ihr,
dann beschwört er sie und verbietet,
dass jemals irgendjemand [anderes] damit gegürtet werde,
sondern sie möge es für seinen Sohn aufbewahren.
Wenn dieser erwachsen und groß sein wird
und ein tapferer und vortrefflicher Ritter,
wird sie ihren Ehemann und ihn
zu einem Fest mitnehmen, zu dem sie geht.
Sie werden in eine Abtei kommen;
eines Grabmals wegen, das sie [da] sehen werden,
werden sie wieder von seinem Tod erzählen hören
und davon, dass er zu Unrecht getötet wurde.
Dort wird sie ihm [dem Sohn] sein Schwert überreichen.
Die ganze Geschichte soll ihm dann erzählt werden,
wie er geboren wurde, wer ihn zeugte:
Man wird dann schon sehen, was er daraus macht.
Nachdem er ihr alles gesagt und dargelegt hat,
hat er ihr ein kostbares Gewand gereicht;
und er gebietet ihr, es anzulegen,
dann hat er sie aufgefordert, ihn zu verlassen.
Sie geht davon, nimmt den Ring mit
und das Schwert, das ihr Mut macht.

A l'eissue de la cité,
N'ot pas demie liwe erré,
Quant ele oï les seins suner
E le doel el chastel mener
Por lur seignur ki se mureit.
Ele set bien que morz esteit;
De la dolur que ele en ad [164c]
Quatre fiëes se pasmad.
E quant de paumesuns revint,
Vers la hoge sa veie tint;
Dedenz entra, utre est passee,
Si s'en reveit en sa cuntree.
Ensemblement od sun seignur
Demurat meint di e meint jur
Que de cel fet ne la retta
Ne ne mesdist ne ne gaba.

Sis fiz fu nez e bien nuriz
E bien gardez e bien cheriz.
Yönec le firent numer.
El regné ne pot hum trover
Si bel, si pruz ne si vaillant,
Si large ne si despendant.
Quant il fu venuz en eé,
A chevalier l'unt adubé.
En l'an meïsme que ceo fu,
Oëz cument est avenu:
A la feste seint Aaron,
C'um selebrot a Karlïon
E en plusurs autres citez,
Li sire aveit esté mandez
Qu'il i alast od ses amis
A la custume del païs;

Am Ausgang der Stadt,
noch keine halbe Meile war sie gegangen,
hörte sie das Läuten der Glocken
und das Klagen in der Burg
um ihren Herrn sich erheben.
Sie weiß wohl, dass er gestorben war;
aus Schmerz darüber wurde sie
viermal ohnmächtig.
Und als sie wieder zu sich kam,
schlug sie den Weg zum Hügel ein;
sie ging hinein, durch ihn hindurch
und kehrt in ihr Land zurück.
Zusammen mit ihrem Herrn
lebte sie noch manchen Tag,
ohne dass er sie dieser Tat beschuldigte,
sie schmähte oder verspottete.

Ihr Sohn wurde geboren und gut aufgezogen,
wohlbehütet und sehr geliebt.
Yonec ließ man ihn nennen.
Im [ganzen] Reich konnte man keinen Mann finden,
der so schön, so edel und so tapfer,
so freigebig und so großmütig war.
Als er in das [entsprechende] Alter gekommen war,
hat man ihn zum Ritter geschlagen.
Hört, was in demselben Jahr, in dem sich dies zugetragen hat,
weiter geschehen ist:
Zum Fest des Heiligen Aaron,
das in Karlion gefeiert wurde,
und in mehrere andere Städten,
war der Herr gerufen worden,
auf dass er mit seinen Freunden dorthin ginge,
gemäß dem Brauch des Landes;

Sa femme e sun fiz i menast
E richement s'aparaillast.
Issi avint, alé i sunt,
Mes il ne seivent u il vunt.
Ensemble od eus ot un meschin
Kis ad menez le dreit chemin,
Tant qu'il viendrent a un chastel;
En tut le mund nen ot plus bel!
Une abbeïe i ot dedenz
De mut religïuses genz. [164d]
Li vallez les i herberja
Ki a la feste les mena.
En la chambre ki fu l'abbé
Bient sunt servi e honuré.
El demain vunt la messe oïr,
Puis s'en voleient departir.
Li abes vet od eus parler,
Mut les prie de surjurner:
Si lur musterrat sun dortur,
Sun chapitre, sun refeitur,
E cum il sunt bien herbergié.
Li sires lur ad otrié.

Le jur, quant il orent digné,
As officines sunt alé.
El chapitre vindrent avant;
Une tumbe troverent grant,
Coverte d'un palie roé,
D'un chier orfreis par mi bendé.
Al chief, as piez e as costez
Aveit vint cirges alumez;
D'or fin erent li chandelier,
D'ametiste li encensier

seine Frau und seinen Sohn sollte er mitbringen
und in reicher Aufmachung erscheinen.
So geschah es, sie sind dorthin gegangen,
aber sie wissen nicht, welchen Weg sie gehen [müssen]
Bei ihnen war ein Diener,
der sie auf dem rechten Weg geführt hat,
bis sie zu einer Burg kamen;
auf der ganzen Welt gab es keine schönere!
Eine Abtei war dort drinnen,
mit vielen frommen Leuten.
Der Bursche, der sie zum Fest führte,
brachte sie dort unter.
Im Gemach des Abtes
wurden sie gut bewirtet und mit Ehrerbietung aufgenommen.
Am nächsten Tag gehen sie die Messe hören,
dann wollten sie aufbrechen.
Der Abt kommt, um mit ihnen zu sprechen,
er bittet sie sehr, noch zu bleiben:
Er wird ihnen seinen Schlafsaal,
seinen Kapitelsaal und sein Refektorium zeigen
und wie gut sie untergebracht sind.
Der Herr hat dem zugestimmt.

An diesem Tag, nachdem sie gegessen hatten,
sind sie zu den [verschiedenen] Bereichen [der Abtei] gegangen.
Sie kamen in den Kapitelsaal hinein;
ein großes Grab fanden sie vor,
bedeckt mit einer Seidendecke mit runden Mustern,
mittig besetzt mit einem kostbaren Goldbrokatstreifen.
Am Kopfende, am Fußende und an den Seiten
waren zwanzig Kerzen angezündet;
aus purem Gold waren die Leuchter,
aus Amethyst die Weihrauchgefäße,

Dunt il encensouent le jur
Cele tumbe par grant honur.
Il unt demandé e enquis
Icels ki erent del païs
De la tumbe ki ele esteit
E queils hum fu ki la giseit.
Cil comencierent a plurer
E en plurant a recunter
Que c'iert li mieudre chevaliers
E li plus forz e li plus fiers,
Li plus beaus e li plus amez
Ki jamés seit el siecle nez.
De ceste tere ot esté reis, [165a]
Unques ne fu nuls si curteis.
A Carẅent fu entrepris,
Pur l'amur d'une dame ocis.
«Unques puis n'eümes seignur,
Ainz avum atendu meint jur
Un fiz qu'en la dame engendra,
Si cum il dist e cumanda.»
Quant la dame oï la novele,
A haute voiz sun fiz apele:
«Beaus fiz, fet ele, avez oï
Cum Deus nus ad menez ici?
C'est votre pere ki ci gist,
Que cist villarz a tort ocist.
Or vus comant e rent s'espee,
Jeo l'ai asez lung tens gardee.»
Oiant tuz li ad coneü
Qu'il l'engendrat e sis fiz fu;

---

15 Wörtl.: in.

mit denen man dieses Grab tagsüber
zum Zeichen der Ehrerbietung beweihräucherte.
Sie haben diejenigen, die aus der Region waren,
befragt und sich über das Grab erkundigt,
was es für eines wäre
und wer es wäre, der da ruhte.
Jene fingen an zu weinen,
und weinend erzählten sie,
dass es der beste Ritter wäre,
der stärkste und tapferste,
der schönste und beliebteste,
der jemals in diesem Zeitalter geboren worden wäre.
König dieses Landes war er gewesen,
nie zuvor gab es einen von so höfischem Wesen.
In Caerwent wurde er überlistet,
wegen der Liebe zu einer Dame umgebracht.
»Seitdem hatten wir keinen Gebieter mehr,
sondern haben manchen Tag auf einen Sohn gewartet,
den er mit[15] der Dame gezeugt hat,
so wie er [es uns] sagte und befahl.«
Als die Dame diese Kunde vernahm,
ruft sie mit lauter Stimme ihren Sohn herbei:
»Lieber Sohn«, sagt sie, »habt Ihr gehört,
wie Gott uns hierher geführt hat?
Es ist Euer Vater, der hier ruht,
den dieser Alte zu Unrecht tötete.
Nun vertraue ich Euch sein Schwert an und überreiche es Euch,
ich habe es lange genug aufbewahrt.«
Vor aller Ohren hat sie ihm anvertraut,
dass er [der Ritter] ihn gezeugt hat und er sein Sohn war;

Cum il suleit venir a li
E cum sis sires le trahi,
La verité li ad cuntee.
Sur la tumbe cheï pasmee;
En la paumeisun devïa,
Unc puis a humme ne parla.
Quant sis fiz veit que morte fu,
Sun parastre ad le chief tolu;
De l'espeie ki fu sun pere
Ad dunc vengié lui e sa mere.
Puis ke si fu dunc avenu
E par la cité fu sceü,
A grant honur la dame unt prise
E el sarcu posee e mise
Delez le cors de sun ami.
Deus lur face bone merci!
Lur seignur firent d'Yönec,
Ainz que il partissent d'ilec.

Cil ki ceste aventure oïrent
Lunc tens aprés un lai en firent [165b]
De la pitié de la dolur
Que cil suffrirent pur amur.

wie er zu ihr zu kommen pflegte
und wie ihr Herr ihn hinterging,
die Wahrheit hat sie ihm erzählt.
Ohnmächtig brach sie über dem Grab zusammen;
in der Ohnmacht verschied sie,
niemals mehr sprach sie [ein Wort] zu jemandem.
Als ihr Sohn sieht, dass sie tot war,
hat er seinem Stiefvater den Kopf abgeschlagen;
mit dem Schwert, das seinem Vater gehörte,
hat er also ihn und seine Mutter gerächt.
Nachdem es sich also so zugetragen hatte
und [es] in der ganzen Stadt bekannt wurde,
hat man die Dame ganz ehrerbietig aufgenommen
und in den Sarg gebettet und gelegt,
neben den Leichnam ihres Freundes.
Gott habe Erbarmen mit ihr!
Aus Yonec machten sie ihren Gebieter,
noch bevor sie von dort weggingen.

Diejenigen, die von dieser Begebenheit hörten,
machten lange Zeit danach einen *lai* darüber,
aus Mitgefühl mit dem Schmerz,
den jene um der Liebe willen erlitten.

## Laüstic

Une aventure vus dirai
Dunt li Bretun firent un lai.
*Laüstic* ad nun, ceo m'est vis,
Si l'apelent en lur païs;
Ceo est «russignol» en franceis
E «nihtegale» en dreit engleis.

En Seint Mallo en la cuntree
Ot une vile renumee.
Dui chevalier ilec maneient
E deus forz maisuns i aveient.
Pur la bunté des deus baruns
Fu de la vile bons li nuns.
Li uns aveit femme espusee,
Sage, curteise e acemee;
A merveille se teneit chiere
Sulunc l'usage e la maniere.
Li autres fu uns bachelers
Bien coneüz entre ses pers,
De pruësce, de grant valur,
E volentiers feseit honur:
Mult turneot e despendeit
E bien donot ceo qu'il aveit.

---

1 *laustic* bzw. *laüstic* ›die Nachtigall‹, nach Rychner, S. 268, eine altfranzösische Entlehnung des altbretonischen Substantivs *aostic/éostik* bei Agglutination von bestimmtem Artikel und Substantiv. Die hier berichtete *aventure* begegnet mit anderer Auflösung (der Vereinigung der Liebenden) in den *Gesta Romanorum* aus dem 13. Jahrhundert und

# Laüstic

Ich werde euch von einer merkwürdigen Begebenheit
erzählen,
über die die Bretonen einen *lai* gemacht haben.
»Die Nachtigall«[1] heißt er, meine ich,
so nennen sie ihn in ihrem Land.
Das heißt *russignol* auf Französisch
und *nihtegale* in gutem Englisch.

In der Gegend von Saint-Malo
gab es eine berühmte Stadt.
Zwei Ritter wohnten dort
und hatten dort zwei Burgen.
Wegen der Vorzüge der beiden Barone
hatte die Stadt einen guten Ruf.
Der eine hatte eine
kluge, höfische und zuvorkommende Frau geheiratet.
Sie zeigte sich außergewöhnlich[2] vornehm
in Gebaren und Verhalten.[3]
Der andere war unverheiratet,
unter seinesgleichen wohl bekannt,
tapfer und sehr trefflich,
und er tat gern, was ehrenvoll war.
Er turnierte viel, gab viel Geld aus
und verschenkte freigebig, was er besaß.

---

französischen und englischen Übersetzungen dieses Werkes, ferner im *Renart le Contrefait* (14. Jh.).

2 Wörtl.: wunderbar.

3 »Sulunc l'usage et la maniere« auch »wie es üblich war und ihrem (›dem‹) Rang entsprach«.

La femme sun veisin ama;
Tant la requist, tant la preia
E tant par ot en lui grant bien
Qu'ele l'ama sur tute rien,
Tant pur le bien qu'ele en oï,
Tant pur ceo qu'il iert pres de li.
Sagement e bien s'entreamerent.
Mut se covrirent e garderent
Qu'il ne feussent aparceü
Ne desturbé ne mescreü;
E il le poeient bien fere, [165c]
Kar pres esteient lur repere:
Preceines furent lur maisuns
E lur sales e lur dunguns;
N'i aveit bare ne devise
Fors un haut mur de piere bise.
Des chambres u la dame jut,
Quant a la fenestre s'estut,
Poeit parler a sun ami
De l'autre part, e il a li,
E lur aveirs entrechangier
E par geter e par lancier.
N'unt gueres rien ki lur despleise,
Mut esteient amdui a eise,
Fors tant k'il ne poent venir
Del tut ensemble a lur pleisir,

4 Der Satz ist grammatikalisch unklar; übersetzen ließe sich auch »Die Frau liebte ihren Nachbarn«. Für die gewählte Variante sprechen informationsstrukturelle Gründe.

Die Frau seines Nachbarn liebte er;[4]
so sehr umwarb und bat er sie
und hatte so viele Vorzüge,
dass sie [die Frau] ihn über alles liebte,
zum einen wegen seines guten Rufes,[5]
zum anderen, weil er nah bei ihr wohnte.
Auf kluge und rechte Weise liebten sie einander.
Sie verhielten sich sehr diskret und achteten darauf,
dass sie nicht entdeckt
oder gestört wurden und keinen Verdacht erregten.
Das konnten sie gut [so] machen,
weil ihre Wohnungen dicht beisammen lagen.
Nah beieinander lagen ihre Burgen,
Säle und Burgtürme.
Es gab keine Barriere, kein Hindernis [zwischen ihnen],
bis auf eine hohe Mauer aus dunklem Stein.
Von den Gemächern aus, in denen die Dame schlief,
konnte[6] sie, wenn sie am Fenster stand,
mit ihrem Geliebten
auf der anderen Seite [der Mauer] sprechen, und er
mit ihr,
und sie konnten Geschenke austauschen,
indem sie sie sich zuwarfen.
Fast nichts missfällt ihnen,
beiden war sehr wohl,
einzig dass sie nicht ganz so zusammenkommen können,
wie sie es sich wünschen, [missfällt ihnen,]

5 Wörtl.: wegen des Guten, was sie von ihm / von seinen Vorzügen (sagen) hörte.
6 »Poeit«, 3. Pers. Sing. Präsens, hier als Imperfekt übersetzt.

Kar la dame ert estreit gardee
Quant cil esteit en la cuntree.
Mes de tant aveient retur,
U fust par nuit u fust par jur,
Qu'ensemble poeient parler.
Nuls nes poeit de ceo garder
Qu'a la fenestre n'i venissent
E iloec ne s'entreveïssent.
Lungement se sunt entreamé,
Tant que ceo vint a un esté,
Que bruil e pré sunt reverdi
E li vergier ierent fluri;
Cil oiselet par grant duçur
Mainent lur joie en sum la flur.
Ki amur ad a sun talent,
N'est merveille s'il i entent!
Del chevalier vus dirai veir:
Il i entent a sun poeir,
E la dame de l'autre part,
E de parler e de regart. [165d]
Les nuiz, quant la lune luseit
E ses sires cuchiez esteit,
De juste lui sovent levot
E de sun mantel s'afublot;
A la fenestre ester veneit
Pur sun ami qu'ele saveit
Qu'autreteu vie demenot
E le plus de la nuit veillot.
Delit aveient al veeir,
Quant plus ne poeient aveir.

---

7 Siehe zu dieser Übersetzung Glyn S. Burgess: »On the interpretation of *Laüstic*, v. 50«, in: *French Studies Bulletin* 42 (1992), S. 10–12.

denn die Dame wurde streng bewacht,
wenn jener [der Ehemann der Dame] fort war.[7]
Doch sie hatten insofern einen Ausgleich,
als sie, ob am Tag oder in der Nacht,
miteinander sprechen konnten.
Niemand konnte sie daran hindern,
dass sie ans Fenster gingen
und dort einander sahen.
Lange haben sie einander geliebt,
bis eines Sommers
die Wälder und Wiesen ergrünt
und die Gärten voller Blumen waren.
Die Vöglein singen wunderbar süß
freudig inmitten[8] der Blüten.
Wenn jemand Liebe [ganz] nach seinem Begehren hat,
dann ist es kein Wunder, dass er sich nach ihr sehnt.
Vom Ritter sage ich euch fürwahr:
Er sehnt sich von ganzem Herzen nach ihr,
und ebenso die Dame,
mit Worten wie mit Blicken.
In den Nächten, in denen der Mond schien
und ihr Herr schlief,
erhob sie sich oft von seiner Seite
und legte sich ihren Mantel um.
Sie kam ans Fenster,
um ihren Geliebten zu sehen, von dem sie wusste,
dass es ihm ebenso erging:
Den Großteil der Nacht wachte er.
Sie hatten Freude daran, sich zu sehen,
da sie mehr nicht haben konnten.

---

8 »en sum«, wörtl.: auf.

Tant i estut, tant i leva
Que ses sires s'en curuça
E meintefeiz li demanda
Pur quei levot e u ala.
«Sire, la dame li respunt,
Il nen ad joië en cest mund
Ki n'ot le laüstic chanter.
Pur ceo me vois ici ester.
Tant ducement l'i oi la nuit
Que mut me semble grant deduit;
Tant m'i delit e tant le voil
Qu jeo ne puis dormir de l'oil.»
Quant li sire ot que ele dist,
D'ire e de maltalent en rist.
D'une chose se purpensa:
Le laüstic enginnera.
Il n'ot vallet en sa meisun
Ne face engin, reis u laçun,
Puis les mettent par le vergier.
N'i ot codre ne chastainier
U il ne mettent laz u glu,
Tant que pris l'unt e retenu.
Quant le laüstic eurent pris,
Al seignur fu renduz tuz vis.
Mut en fu liez, quant il le tint. [166a]
As chambres a la dame vint.
«Dame, fet il, u estes vus?
Venez avant, parlez a nus!

---

9 »face«, 3. Pers. Sing. subjonctif zu *faire*.

So oft stand die Frau dort und so oft stand sie auf,
dass ihr Herr zornig wurde
und sie manches Mal fragte,
weshalb sie aufstehe und wohin sie gehe.
»Herr«, antwortet ihm die Dame,
»wer die Nachtigall nicht singen hört,
hat auf dieser Welt keine Freude.
Deshalb siehst Du mich hier stehen.
Ich höre sie des Nachts so süß singen,
dass es mir ein großes Vergnügen scheint.
Ich erfreue mich so sehr daran, und so sehr verlangt es mich danach,
dass ich kein Auge zutun kann.«
Als der Herr hört, was sie sagte,
lachte er zornig und erbittert darüber.
Er überlegte sich,
dass er sich die Nachtigall mit List beschaffen würde.
Er hatte keinen Diener in seinem Haus,
den er nicht eine Falle, ein Netz oder eine Schlinge anfertigen lässt.[9]
Dann legen sie sie im Garten aus.
Da war kein Haselstrauch, kein Kastanienbaum,
in dem sie nicht eine Schlinge oder Vogelleim anbringen,
bis sie sie [die Nachtigall] gefangen und eingesperrt haben.
Als sie die Nachtigall gefangen hatten,
wurde sie dem Herrn lebendig und unversehrt überbracht.
Er war sehr froh, als er sie [in den Händen] hielt.
In die Gemächer der Dame ging er.
»Herrin«, sagt er, »wo seid Ihr?
Tretet vor, sprecht mit uns!

J'ai le laüstic enginnié
Pur quei vus avez tant veillié.
Des or poëz gisir en peis:
Il ne vus esveillerat meis.»
Quant la dame l'ad entendu,
Dolente e cureçuse fu.
A sun seignur l'ad demandé,
E il l'ocist par engresté:
Le col li rumpt a ses deus meins.
De ceo fist il ke trop vileins.
Sur la dame le cors geta,
Si que sun chainse ensanglanta
Un poi desur le piz devant.
De la chambre s'en ist a tant.
La dame prent le cors petit,
Durement plure e si maudit
Ceus ki le laüstic traïrent,
Les engins e les laçuns firent,
Kar mut li unt toleit grant hait.
«Lasse, fet ele, mal m'estait!
Ne purrai mes la nuit lever
N'aler a la fenestre ester,
U jeo soil mun ami veeir.
Une chose sai jeo de veir:
Il quidera ke jeo me feigne;
De ceo m'estuet que cunseil preigne.
Le laüstic li trametrai,
L'aventure li manderai.»
En une piece de samit,
A or brusdé e tut escrit

---

**10** »le cors«, wörtl.: der Leib/Körper/Leichnam.

**11** Möglich ist das Ansetzen eines Enjambements zwischen v. 118 und

Ich habe die Nachtigall gefangen,
derentwegen Ihr so oft wach lagt.
Von jetzt an könnt Ihr friedlich schlafen.
Sie wird Euch nie mehr wecken!«
Als die Dame das gehört hat,
war sie traurig und zornig.
Sie hat ihren Herrn um den Vogel gebeten,
er [aber] tötete ihn aus Bosheit.
Mit beiden Händen bricht er ihm das Genick.
Damit tat er etwas sehr Schändliches.
Er warf den toten Vogel[10] nach der Dame,
so dass ihr Leinengewand
ein wenig oberhalb der Brust mit Blut befleckt wurde.[11]
Darauf verlässt er den Raum.
Die Dame nimmt den kleinen toten Körper,
weint heftig und verwünscht
jene, die die Nachtigall verrieten
und die Fallen und Schlingen machten,
denn sie haben ihr eine sehr große Freude genommen.
»O weh«, spricht sie, »mir ist Unglück geschehen!
Ich werde nicht mehr des Nachts aufstehen
und ans Fenster gehen können,
[von] wo ich meinen Geliebten zu sehen pflege.
Eines weiß ich fürwahr:
Er wird denken, dass ich ihn nicht mehr liebe.
Ich muss in der Sache einen Entschluss fassen:
Die Nachtigall werde ich ihm zukommen lassen
und ihm übermitteln, was geschehen ist!«
In ein Stück Seidenstoff,
über und über golden bestickt und beschrieben,

---

v. 119. Dies verschöbe den Bezug des adverbialen »un poi«: »so dass ihr Leinengewand oberhalb der Brust ein wenig mit Blut befleckt wurde«.

Ad l'oiselet envolupé;
Un suen vaslet ad apelé, [166b]
Sun message li ad chargié,
A sun ami l'ad enveié.
Cil est al chevalier venuz;
De sa dame li dist saluz,
Tut sun message li cunta,
Le laüstic li presenta.
Quant tut li ad dit e mustré
E il l'aveit bien escuté,
De l'aventure esteit dolenz;
Mes ne fu pas vileins ne lenz.
Un vaisselet ad fet forgier;
Unques n'i ot fer ne acier,
Tuz fu d'or fin od bones pieres,
Mut precïuses e mut chieres;
Covercle i ot tres bien asis.
Le laüstic ad dedenz mis,
Puis fist la chasse enseeler.
Tuz jurs l'ad faite od lui porter.

Cele aventure fu cuntee,
Ne pot estre lunges celee.
Un lai en firent li Bretun:
*Le Laüstic* l'apelë hum.

hat sie das Vögelchen eingewickelt.
Einen ihrer Diener hat sie herbeigerufen,
ihm ihre Botschaft aufgetragen
und ihn zu ihrem Geliebten geschickt.
Dieser [der Bote] ging zu dem Ritter.
Er richtete ihm Grüße von seiner Herrin aus,
übermittelte ihm die ganze Botschaft
und übergab ihm die Nachtigall.
Nachdem der Bote ihm alles gesagt und gezeigt hat
und er [der Ritter] aufmerksam zugehört hatte,
war er [der Ritter] traurig wegen des Geschehenen.
Aber er war nicht unhöfisch und säumte nicht.
Er hat ein kleines Behältnis anfertigen lassen.
Nichts daran war aus Eisen oder Stahl:
Es war ganz und gar aus feinem Gold und
sehr kostbaren, sehr teuren Edelsteinen.
Es hatte einen trefflich angebrachten Deckel.
Die Nachtigall hat er [der Ritter] hineingelegt
und dann das Kästchen verschließen lassen.
Er hat es [fortan] immer mit sich führen lassen.

Diese Begebenheit wurde herumerzählt,
sie konnte nicht lange geheim bleiben.
Die Bretonen machten einen *lai* daraus,
man nennt ihn »Die Nachtigall«.

## Chievrefoil

Asez me plest e bien le voil,
Del lai qu'hum nume *Chievrefoil*,
Que la verité vus en cunt
Pur quei fu fez, coment e dunt.

Plusur le m'unt cunté et dit
E jeo l'ai trové en escrit
De Tristram e de la reïne, [172a]
De lur amur ki tant fu fine,
Dunt il eurent meinte dolur,
Puis en mururent en un jur.
Li reis Marks esteit curuciez,
Vers Tristram sun nevu iriez;
De sa tere le cungea
Pur la reïne qu'il ama.
En sa cuntree en est alez,
En Suhtwales u il fu nez.
Un an demurat tut entier,
Ne pot ariere repeirier;
Mes puis se mist en abandun
De mort e de destructïun.
Ne vus esmerveilliez nëent,
Kar cil ki eime lealment
Mut est dolenz e trespensez
Quant il nen ad ses volentez.
Tristram est dolenz e pensis,
Pur ceo s'esmut de sun païs.

---

1 Die Beziehung dieses *lai*, der eine anderswo nicht belegte Tristan-Episode wiedergibt, zu anderen Bearbeitungen des Tristan-Stoffes

# Chievrefoil

Es gefällt mir sehr, und gern möchte ich es,
euch über den *lai*, den man *Chievrefoil* [Geißblatt] nennt,
die Wahrheit zu erzählen:
warum, wie und worüber er verfertigt wurde.

Viele haben mir davon erzählt und berichtet,
und auch niedergeschrieben habe ich es gefunden:
Von Tristan und der Königin,[1]
von ihrer Liebe, die so edel war,
davon, wie sie derentwegen manchen Schmerz erlitten
und wie sie daran an ein und demselben Tag starben.
Der König Mark war erbost
und zornig über seinen Neffen Tristan;
seines Landes verwies er ihn
wegen der Königin, die er [Tristan] liebte.
Nach seinem Lehen ging er,
nach Südwales, wo er geboren war.
Ein ganzes Jahr blieb er dort,
und konnte nicht zurückkehren;
doch dann überließ er sich
Tod und Verderben.
Wundert euch nicht,
denn wer aufrichtig liebt,
ist unglücklich und bekümmert,
wenn er seinen Willen nicht bekommt.
Tristan ist unglücklich und bedrückt,
deshalb brach er aus seinem Land auf.

---

ist unklar. Vgl. dazu die in der Auswahlbibliographie genannten Beiträge.

En Cornwaille vait tut dreit
La u la reïne maneit.
En la forest tuz suls se mist:
Ne voleit pas qu'hum le veïst.
En la vespree s'en eisseit,
Quant tens de herbergier esteit.
Od païsanz, od povre gent,
Perneit la nuit herbergement;
Les noveles lur enquereit
Del rei cum il se cunteneit.
Ceo li diënt qu'il unt oï
Que li barun erent bani,
A Tintagel deivent venir:
Li reis i veolt sa curt tenir;
A Pentecuste I seront tuit,
Mut i avra joie e deduit, [172b]
E la reïnë i sera.
Tristram l'oï, mut se haita:
Ele n'i purrat mie aler
K'il ne la veie trespasser.
Le jur que li reis fu meüz,
Tristram est el bois revenuz.
Sur le chemin que il saveit
Que la rute passer deveit,
Une codre trencha par mi,
Tute quarreie la fendi.
Quant il ad paré le bastun,
De sun cutel escrit sun nun.
Si la reïne s'aparceit,
Ki mut grant garde s'en perneit –

**2** Das Imperfekt gibt hier nicht geläufiges oder gewohnheitsmäßiges Verhalten, sondern einmalige, abgeschlossene Handlungen an. Vgl. die

Nach Cornwall ging er geradewegs,
dorthin, wo die Königin lebte.
In den Wald ging er ganz allein:
Er wollte nicht, dass ihn jemand sähe.
Am Abend verließ er ihn,
als es Zeit war, eine Unterkunft zu nehmen.
Bei Bauern, bei armen Leuten,
nahm er Herberge für die Nacht;[2]
nach Neuigkeiten fragte er,
vom König, wie es ihm erginge.
Diese [die Bauern] sagen ihm, dass sie gehört haben,
dass die Barone einberufen wurden,
nach Tintagel sollen sie kommen:
Der König will dort seinen Hof halten;
zu Pfingsten werden sie alle dort sein,
viel Freude und Kurzweil wird es geben,
und die Königin wird dort sein.
Tristan hörte dies, er freute sich sehr:
Sie wird dorthin nicht reisen können,
ohne dass er sie vorbeiziehen sieht.
An dem Tag, an dem sich der König aufgemacht hat,
ist Tristan in den Wald zurückgekehrt.
An dem Weg, von dem er wusste,
dass ihn das Gefolge nehmen musste,
schnitt er eine Haselrute entzwei,
und schnitzte sie vierkant zurecht.
Als er dem Stock die Rinde abgezogen hatte,
schnitt er mit seinem Messer seinen Namen hinein.
Wenn die Königin, die sehr darauf achtgab,
seiner [des Stocks] gewahr wird –

---

Bemerkungen zur Aspektualität in Rychners Edition, S. 245 (zu *Guigemar*, v. 739 f.).

Autre feiz li fu avenu
Que si l'aveit aparceü –
De sun ami bien conustra
Le bastun, quant el le verra.
Ceo fu la summe de l'escrit
Qu'il li aveit mandé e dit
Que lunges ot ilec esté
E atendu e surjurné
Pur espïer e pur saveir
Coment il la peüst veeir,
Kar ne poeit vivre sanz li.
D'euls deus fu il tut autresi
Cume del chievrefoil esteit
Ki a la codre se perneit:
Quant il s'i est laciez e pris
E tut entur le fust s'est mis,
Ensemble poënt bien durer,
Mes ki puis les voelt desevrer,
Li codres muert hastivement [172c]
E li chievrefoilz ensement.
«Bele amie, si est de nus:
Ne vus sanz mei, ne jeo sanz vus.»

La reïne vait chevachant.
Ele esgardat tut un pendant,

---

3 Wörtl.: schon einmal war es ihr so ergangen, dass sie ihn so bemerkt hatte.

4 Die Bewertung des Substantivs »escript« ist im Zusammenhang uneindeutig. Das Vorhergehende legt nahe, dass es sich um den in den Stock eingeritzten Namen Tristans, das Folgende eher, dass es sich um eine bislang unerwähnt gebliebene, der Königin anderweitig gesandte Botschaft handelt. Von einer Entscheidung zwischen diesen Alternativen hängt es ab, ob »aveit mandé e dit« tatsächlich als Plusquamperfekt

schon einmal hatte sie ihn
so bemerkt[3] –,
wird sie den Stock, wenn sie ihn sieht,
als den ihres Freundes erkennen.
Dies war im wesentlichen der Inhalt der Botschaft,[4]
die er ihr übermittelt hatte: Er hatte ihr mitgeteilt,
dass er lange dort gewesen sei,
gewartet und verweilt habe,
um [den Ort] auszukundschaften und um zu erfahren,
wie er sie sehen könnte,
denn ohne sie könne er nicht leben.
Mit ihnen beiden verhalte es sich
wie mit dem Geißblatt,
das sich an den Haselstrauch schmiegte:
Wenn es sich mit ihm verbunden und verflochten
und sich um den ganzen Stamm geschlungen hat,
können sie gemeinsam überdauern,
doch wer sie trennen will,
lässt den Haselstrauch schnell absterben,
und das Geißblatt mit ihm.
»Schöne Freundin, so verhält es sich mit uns:
Nicht Ihr ohne mich, nicht ich ohne Euch.«

Die Königin reitet heran.
Sie blickt immerzu auf die Böschung,

---

oder funktional als Imperfekt zu interpretieren ist. Ich folge Rieger und gehe von einer früheren Nachricht aus. Die folgenden Verse erscheinen dann als Wiedergabe des Inhalts dieser früheren Nachricht, weshalb sie im Deutschen in indirekter Rede wiedergegeben werden. Diese Auffassung deckt sich mit der Anlage des *lai*: Der Handlungszusammenhang verdichtet sich symbolisch in dem Gegenstand, der wesentlich für die Übermittelung der Nachricht an die Königin ist. Vgl. zu dieser vieldiskutierten Passage die in der Auswahlbibliographie genannten Beiträge.

Le bastun vit, bien l'aparceut,
Tutes les lettres i conut.
Les chevaliers ki la menoent
E ki ensemble od li erroent
Cumanda tuz a arester:
Descendre voet e resposer.
Cil unt fait sun commandement.
Ele s'en vet luinz de sa gent;
Sa meschine apelat a sei,
Brenguein, ki mut ot bone fei.
Del chemin un poi s'esluina,
Dedenz le bois celui trova
Que plus amot que rien vivant:
Entre eus meinent joie mut grant.
A li parlat tut a leisir
E ele li dit sun pleisir;
Puis li mustra cumfaitement
Del rei avrat acordement,
E que mut li aveit pesé
De ceo qu'il l'ot si cungée:
Par encusement l'aveit fait.
A tant s'en part, sun ami lait.
Mes quant ceo vint al desevrer,
Dunc comencierent a plurer.
Tristram en Wales s'en rala
Tant que sis uncles le manda.

Pur la joie qu'il ot eüe
De s'amie qu'il ot veüe
E pur ceo k'il aveit escrit
Si cum la reïne l'ot dit,

---

5 *dire* hier im Sinne von »(laut) lesen«. Auch diese Passage wird kontrovers diskutiert.

sieht den Stock, nimmt ihn wohl wahr,
erkannte alle Buchstaben darauf.
Den Rittern, die sie geleiteten
und die zusammen mit ihr zogen,
gebot sie anzuhalten:
Absteigen will sie, und ausruhen.
Diese haben ihren Befehl ausgeführt.
Sie geht weit von ihrem Gefolge weg,
ihre Dienerin ruft sie zu sich,
Brenguein, die sehr treu war.
Vom Weg entfernte sie sich ein wenig,
im Wald traf sie denjenigen,
den sie mehr als alles Lebendige liebte:
Sie bekundeten sich gegenseitig sehr große Freude.
Er sprach mit ihr in aller Muße,
und sie sagte ihm, was ihr beliebte;
dann legte sie ihm dar, wie er
sich mit dem König aussöhnen würde
und dass es diesen sehr belastet hatte,
dass er ihn verbannt hat:
Aufgrund einer Verleumdung hatte er es getan.
Dann geht sie fort, lässt den Freund zurück.
Als es darangeht, sich zu trennen,
beginnen sie zu weinen.
Tristan ging zurück nach Wales,
so lange, bis sein Onkel ihn zu sich befahl.

Aus Freude, die er empfunden hatte
über das Wiedersehen mit seiner Geliebten,
und um dessentwillen, was er niedergeschrieben hatte so,
wie es die Königin gesagt hatte,[5]

Pur les paroles remembrer,
Tristram, ki bien saveit harper, [172d]
En aveit fet un nuvel lai;
Asez briefment le numerai:
*Gotelef* l'apelent Engleis,
*Chievrefoil* le nument Franceis.
Dit vus en ai la verité
Del lai que j'ai ici cunté.

---

**6** *Gotelef* ist im Mittelenglischen nicht belegt; Burgess, S. 184, vermutet eine buchstäbliche ad-hoc-Umsetzung aus dem Altfranzösischen.

um die Worte in Erinnerung zu behalten,
hatte Tristan, der gut Harfe spielen konnte,
darüber einen neuen *lai* gemacht;
ganz kurz will ich ihn [bei seinem Titel] nennen:
*Gotelef* nennen ihn die Engländer,[6]
*Chievrefoil* [Geißblatt] die Franzosen.
Ich habe euch über den *lai*, den ich hier erzählt habe,
nur die Wahrheit berichtet.

# Anhang

## Zu dieser Ausgabe

Fünf Handschriften überliefern einzelne oder mehrere der heute Marie de France zugeschriebenen *lais*:[1]

H London, British Museum, Harley 978, fol. 118–160, anglo-normannische Handschrift, auf die zweite Hälfte des 13. Jahrhunderts datiert, entstanden vielleicht in Oxford um 1265. Sie enthält neben dem Prolog die zwölf *Lais* in der bis heute für alle Editionen maßgeblichen Reihenfolge.[2]

S Paris, Bibliothèque nationale de France, nouv. acq. fr. 1104, französische Handschrift des späten 13. Jahrhunderts, die, zusammen mit weiteren, anonymen *lais*, neun der *Lais* in der folgenden Reihenfolge enthält: *Guigemar*, *Lanval*, *Yonec*, *Chievrefoil*, *Deus Amanz* (bis v. 159), *Bisclavret* (ab v. 233), *Milun*, *Fresne* und *Equitan*. Zwei Blätter, die das Ende der *Deus Amanz* und den Anfang des *Bisclavret* enthalten haben, fehlen.

P Paris, Bibliothèque nationale de France, f. fr. 2168, pikardische Handschrift des späten 13. Jahrhunderts, die die Verse 395 bis 558 des *Yonec*, *Guigemar* und *Lanval* enthält.

C London, British Museum, Cotton Vespasian B XIV, anglo-normannische Handschrift des späten 13. Jahrhunderts, die *Lanval* enthält.

Q Paris, Bibliothèque nationale de France, f. fr. 24432, franzische, nach 1332 entstandene Handschrift, die *Yonec* enthält.

Während englische Übertragungen der *Lais* sich weit vom französischen Text entfernen und ohne nachhaltigen textkritischen Wert zu sein scheinen, hat die Forschung früh eine altnordische Übertragung N,

1 Siehe zur handschriftlichen Überlieferung ausführlich Busby: »The manuscripts of Marie de France« und Ernest Hoepffner: »La tradition manuscrite des *Lais* de Marie de France«, in: *Neophilologus* 12 (1927), S. 1–10, 85–96.

2 Eine exzellente Untersuchung dieser Handschrift bietet Andrew Taylor: *Textual Situations: Three Medieval Manuscripts and Their Readers*, Philadelphia (PA) 2002, S. 76–136.

bekannt als *Strengleikar*, zur Kenntnis genommen, die zur Regierungszeit Hákon Hákonarsons (1217–63) auf der Basis eines anglo-normannischen Textes erstellt wurde, der nahe an H anzusiedeln sein dürfte. Die Sammlung enthält, neben weiteren, alle *lais* in H mit Ausnahme des *Eliduc*. *Chaitivel* und *Lanval* sind unvollständig.[3]

Seit Beginn der modernen Editionsgeschichte der *Lais* im Jahr 1820 stimmen alle Editoren in der Einschätzung überein, dass H der beste erhaltene Zeuge ist. Die erste Ausgabe, die alle Subtilität der Editionsphilologie für eine vollständige Kollation der überlieferten Zeugen, für ein systematisches Studium der Varianten und eine in jeder Hinsicht überzeugende Edition bietet, wurde von Karl Warnke vorbereitet und erschien erstmals 1885. Seine editionsphilologisch meisterhafte Ausgabe, 1925 in dritter, ergänzter Auflage erschienen, bietet, den Gepflogenheiten der Entstehungszeit entsprechend, einen vergleichsweise ›künstlichen‹ Text, dem die 1944 von Alfred Ewert besorgte Edition der *Lais* eine nicht diplomatisch transkribierende, aber äußerst behutsam normalisierende und emendierende, in großer Genauigkeit den Text von H wiedergebende Ausgabe zur Seite stellt. Die für die literaturwissenschaftliche Forschung heute neben Ewerts Ausgabe meist maßgebliche, kritische Edition erschien schließlich 1968, besorgt von Jean Rychner für die Reihe Classiques français du Moyen Âge. Auch sie bietet, in behutsam normalisierter Form, den Text von H.[4] Alle modernen Ausgaben der *Lais* basieren auf einer dieser drei Editionen; der hier vorgelegte Text folgt Jean Rychner.

Diese Ausgabe, für die sich aus verlegerischen Gründen nur eine Auswahl aus den *Lais* hat berücksichtigen lassen, ist aus dem Ungenügen daran entstanden, dass seit Jahren keine zweisprachige, altfranzösisch-deutsche Ausgabe am Markt verfügbar ist, die für den interessierten Laien ebenso wie für die akademische Lehre altfranzösischer Litera-

3 Siehe ausführlich die Einleitung in *Strengleikar: An Old Norse Translation of Twenty-One Old French Lais, edited from the Manuscript Uppsala de la Gardie* 4-7 *AM 666b*, 4°, hrsg. von Robert Cook und Mattias Tveitane, Oslo 1979.

4 Für die Erläuterung der verfolgten editorischen Prinzipien s. dort S. xx–xxviii.

tur geeignet wäre. Eine synoptische, mit Hilfe eines Handwörterbuches und einer Kurzgrammatik zum Altfranzösischen[5] auch für den frankophonen Laien mögliche Lektüre zu unterstützen ist das vorrangige Ziel meiner Übersetzung. Sie hält sich so nah wie möglich am altfranzösischen Text und nimmt dafür in Kauf, dass der deutsche Text, für sich allein betrachtet, Kritik kaum standhalten wird. Er nutzt die Flexibilität der Wortstellung im Deutschen aus, um den altfranzösischen Text transparent zu machen und so verstreu wie möglich wiederzugeben, behält dessen Tempusfolge bei und verzichtet dabei bewusst auf Glättungen nach Maßgabe modernen Sprachgefühls. Der deutsche Text folgt in diesen Prinzipien dem Beispiel der herausragenden Übertragung Dietmar Riegers und Renate Krolls, die als vollständige und für eine synoptische Lektüre optimierte Ausgabe weiterhin uneingeschränkt und nachdrücklich empfohlen sei. Die im Text angegebene Paginierung verweist auf den Zeugen H und soll die Arbeit mit der Handschrift erleichtern, die durch die Digitalisierung von Harley 978 auch für Nicht-Spezialisten leicht möglich geworden ist. Eine Auswahl weiterer Übertragungen verzeichnet die folgende Bibliographie, die zudem Beiträge der literaturwissenschaftlichen Forschung zu den in diese Ausgabe aufgenommenen *lais* zusammenstellt.

5 Für diese Zwecke empfohlen seien Erich Einhorn: *Old French. A Concise Handbook*, Cambridge 1974, und Algirdas Julien Greimas: *Dictionnaire de l'ancien français*, Paris 2004. Beide Bände sind (Stand: Mai 2014) am Markt erhältlich.

# Auswahlbibliographie


Ausgaben (Auswahl)

Warnke, Karl (Hrsg.): *Die Lais der Marie de France*, mit vergleichenden Anmerkungen von Reinhold Köhler, nebst Ergänzungen von Johannes Bolte und einem Anhang, »Der Lai von Guingamor«, hrsg. von Peter Kusel, dritte, verbesserte Auflage, Halle 1925.

Ewert, Alfred (Hrsg.): *Marie de France, Lais*, Oxford 1942.

Rychner, Jean (Hrsg.): *Les Lais de Marie de France*, Paris 1968.

Rieger, Dietmar (Hrsg.): *Marie de France, Lais*, übers., mit einer Einleitung, einer Bibliographie sowie Anmerkungen versehen unter Mitarbeit von Renate Kroll, München 1980. [Rychners Text mit äußerst textnaher, für die synoptische Lektüre optimierter deutscher Übersetzung.]

Harf-Lancner, Laurence (Hrsg.): *Lais de Marie de France*, Paris 1990. [Warnkes Text mit neufranzösischem Lesetext.]

Burgess, Glyn (Hrsg.): *Marie de France, Lais. Alfred Ewert's Text with Introduction & Bibliography*, London 1995. [Ewerts Text, mit reicher Bibliographie.]

Walter, Philippe (Hrsg.): *Marie de France, Lais*, Paris 2000. [Partiell überarbeiteter Text der Edition Ewerts mit verstreuer neufranzösischer Übersetzung, gut für die synoptische Lektüre geeignet.]

Morvan, Françoise: *Marie de France, Lais*, Arles 2008. [Nachdichtung in modernem Französisch in gereimten Achtsilbern.]

Gallagher, Edward J. (Hrsg.): *The Lays of Marie de France*, translated, with introduction and commentary, Indianapolis (IN) / Cambridge 2010. [Englische Übersetzung der *Lais* in eleganter Prosa, gleichwohl textnah.]

Hilfsmittel

Burgess, Glyn S.: *Marie de France: An Analytic Bibliography*, London 1977, mit Supplement I, 1986, Supplement II, 1997, und Supplement III, 2007.

Burgess, Glyn S.: *The Old French Narrative Lay: An Analytical Bibliography*, Rochester (NY) / Cambridge 1995.

Einhorn, Erich: *Old French. A Concise Handbook*, Cambridge 1974.
Godefroy, Frédéric: *Dictionnaire de l'ancienne langue française et de tous ses dialectes du IXe au XVe siècle*, 10 Bde., Paris 1881–1902.
Greimas, Algirdas Julien: *Dictionnaire de l'ancien français*, Paris 2004.
MacClelland, Denise: *Le Vocabulaire des Lais de Marie de France*, Ottawa 1977.
Nais, Hélène: *Index des Lais de Marie de France*, Nancy 1979.
O'Hara Tobin, Mary Prudence (Hrsg.): *Les Lais anonymes des XII et XIII siècles*, Genf 1976.
Otaka, Yorio: *Lexique de Marie de France*, Tokio 1994.
Tobler, Adolf / Lommatzsch, Erhard: *Altfranzösisches Wörterbuch*, 12 Bde., Wiesbaden 1925–2008.

Gesamt- und Hintergrunddarstellungen

Ahlström, Axel: *Marie de France et les Lais Narratifs*, Göteborg 1925.
Aubailly, Jean-Claude: *La Fée et le chevalier: Essai de mythanalyse de quelques lais féeriques des XIIe et XIIIe siècles*, Paris 1986.
Baader, Horst: *Die Lais: Zur Geschichte einer Gattung der altfranzösischen Kurzerzählung*, Frankfurt a. M. 1966.
Baum, Richard: *Recherches sur les œuvres attribuées à Marie de France*, Heidelberg 1968.
Bédier, Joseph: »Les Lais de Marie de France«, in: *Revue des Deux Mondes* 107 (1891), S. 835–863.
Bloch, R. Howard: *The Anonymous Marie de France*, Chicago (IL) / London 2003.
Brightenback, Ebba K.: *Aspects of Organicity in Old French Romance Narrative: The Prologue and Narrative Modalities in the Lais of Marie de France*, Princeton 1974.
Bullock-Davies, Constance: »The Form of the Breton Lay«, in: *Medium Aevum* 42 (1973), S. 18–31.
Burgess, Glyn S.: *The Lais of Marie de France: Text and Context*, Athens, GA 1987.
Clifford, Paula: *Marie de France: Lais*, London 1982.
Del Monte, Albert / Raugei, Anna M: *Introduzione alla lettura dei Lais di Maria di Francia*, Mailand 1973.

Donovan, Mortimer J.: *The Breton Lay: A Guide to Varieties*, Indiana/London 1969.

Dufournet, Jean (Hrsg.): *Amour et merveille: les Lais de Marie de France*, Paris 1995.

Frappier, Jean: »Remarques sur la structure du lai. Essai de définition et de classement«, in: *La Littérature narrative d'imagination. Des genres littéraires aux techniques d'expression*, Paris 1961, S. 23–39.

Hoepffner, Ernest: *Les Lais de Marie de France*, Paris 1935, Neudruck Paris 1966.

Illingworth, Richard N.: »La Chronologie des *Lais* de Marie de France«, in: *Romania* 87 (1966), S. 433–475.

Joubert, Claude-Henry: *Oyez ke dit Marie: étude sur les Lais de Marie de France (XII^e siècle)*, Paris 1987.

Kinoshita, Sharon / McCracken, Peggy: *Marie de France. A Critical Companion*, Cambridge 2012.

Knapton, Antoinette: *Mythe et psychologie chez Marie de France dans Guigemar*, Chapel Hill (NC) 1975.

Kroll, Renate: *Der narrative Lai als eigenständige Gattung in der Literatur des Mittelalters*, Tübingen 1984.

Krueger, Roberta L.: »Marie de France«, in: *The Cambridge Companion to Medieval Women's Writing*, hrsg. von Carolyn Dinshaw und David Wallace, Cambridge 2003, S. 172–183.

La Mée, Katharine N.: *A Metrical Study of Five lais of Marie de France*, Den Haag 1978.

Maréchal, Chantal A. (Hrsg.): *In Quest of Marie de France: a Twelfth-Century Poet*, Lewiston/Queenston/Lampeter 1992.

Maréchal, Chantal A. (Hrsg.): *The Reception and Transmission of the Works of Marie de France*, Lewiston (ME) 2003.

Ménard, Philippe: *Les Lais de Marie de France: contes d'amour et d'aventure du Moyen Âge*, Paris [2]1995.

Mickel, Emanuel J.: *Marie de France*, New York 1974.

Mikhaïlova, Milena: *Le Présent de Marie*, Paris / New York / Amsterdam 1996.

Payen, Jean-Charles: *Le Lai narratif*, Turnholt 1975.

Poirion, Daniel: *Le Merveilleux dans la littérature française du Moyen Âge*, Paris 1982.

Ringger, Kurt: *Die Lais. Zur Struktur der dichterischen Einbildungskraft der Marie de France*, Tübingen 1973.
Riquer, Martín de: »La *aventure*, el *lai* y el *conte* en María de Francia«, in: *Filologia Romanza* 2 (1955), S. 1–19.
Rothschild, Judith R.: *Narrative Technique in the Lais of Marie de France. Themes and Variations*, Chapel Hill (NC) 1974.
Schober, Rita: *Von der wirklichen Welt in der Dichtung*, Berlin/Weimar 1970.
Sienaart, Edgard: *Les Lais de Marie de France: du conte merveilleux à la nouvelle psychologique*, Paris 1978.
Spitzer, Leo: »Marie de France, Dichterin von Problemmärchen«, in: *Zeitschrift für romanische Philologie* 50 (1930), S. 29–67.
Whalen, Logan E.: *Marie de France and the Poetics of Memory*, Washington (DC) 2008.
Whalen, Logan E. (Hrsg.): *A Companion to Marie de France*, Leiden / Boston (MA) 2011.

Zu Marie de France

Bullock-Davies, Constance: »Marie, abbess of Shaftesbury, and her brothers«, in: *The English Historical Review* 80 (1965), S. 314–322.
Ferrante, Joan: »A frenchwoman in England writes for a norman court: Marie de France«, in: *A New History of French Literature*, hrsg. von Denis Hollier, Cambridge (MA) / London 1989, S. 50–56.
Flum, P. N.: »Additional thoughts on Marie de France«, in: *Romance Notes* 3 (1961–1962), S. 53–56.
Flum, P. N.: »Marie de France and the Talbot Family Connections«, in: *Romance Notes* 7 (1965–1966), S. 83–86.
Fox, John C: »Marie de France«, in: *The English Historical Review* 25 (1910), S. 303–306.
Fox, John C.: »Marie, abbess of Shaftesbury«, in: *The English Historical Review* 26 (1911), S. 317–326.
Grillo, Peter R.: »Was Marie de France the daughter of Waleran II, count of Meulan?«, in: *Medium Aevum* 57 (1988), S. 317–328.
Holmes, Urban T.: »Further on Marie de France«, in: *Symposium* 3 (1949), S. 335–339.

Holmes, Urban T.: »New Thoughts on Marie de France«, in: *Studies in Philology* 29 (1932), S. 1–10.
Knapton, Antoinette: »À la recherche de Marie de France«, in: *Romance Notes* 19 (1978–1979), S. 248–253.
Levi, Ezio: »Maria di Francia e le abbazie di Inghilterra«, *Archivum Romanicum* 5 (1921), S. 472–493.
McCash, June Hall: »Sidney Painter (1902–1960): The Issue of Patronage in Marie de France«, in: *The Reception and Transmission of the Works of Marie de France*, hrsg. von Chantal Maréchal, Lewiston (ME) 2003, S. 171–203.
Nagel, E.: »Marie de France als dichterische Persönlichkeit«, in: *Romanische Forschungen* 44 (1930), S. 1–102.
Rossi, Carla: »Brevi note su Marie de Meulan (~1000–1060), un'improbabile Marie de France«, in: *Critica del testo* 7 (2004), S. 1147–1155.
Rossi, Carla: *Marie de France et les érudits de Cantorbéry*, Paris 2009.
Whichard, Rogers D.: »A note on the identity of Marie de France«, in: *Romance Studies Presented to William Morton Dey*, Chapel Hill (NC) 1950, S. 177–181.

Einzelaspekte der *Lais*

Angeli, Giovanna: »Le débat sur *mesure* dans les *Lais* de Marie de France«, in: *La fin'amor dans la culture féodale: actes du colloque du Centre d'Études Médiévales de l'Université de Picardie Jules Verne, Amiens, mars 1991*, hrsg. von Danielle Buschinger, Greifswald 1994, S. 1–12.
Angeli, Giovanna: »Maria di Francia o il racconto como scena«, in: *Saggi e ricerche di letteratura francesa* 24 (1985), S. 9–25.
Angeli, Giovanna: »Entre mémoire et dialogue: les Lais de Marie de France«, in: *XX^e congrès international de linguistique et philologie romanes, Université de Zurich, 6–11 avril 1992*, 5 Bde., Tübingen 1993, Bd. V, S. 169–180.
Bédier, Joseph: »Les *Lais* de Marie de France«, in: *Revue des Deux Mondes* 107 (1891), S. 835–863.
Billy, Dominique: »Un Genre fantôme: le lai narratif. Examen d'une

des thèses de Foulet«, in: *Revue des Langues Romanes* 94 (1990), S. 121–128.

Billy, Dominique: »Pour une structure sémasiologique de ›lai‹: fondements et conséquences«, in: *Actes du XVIII^e congrès international de linguistique et de philologie romanes, Université de Trèves 1986*, hrsg. von Dieter Kremer, 6 Bde., Tübingen 1988, Bd. VI, S. 161–175.

Bloch, R. Howard: »The lay and the law: sexual/textual transgression in *La Chastelaine de Vergi*, the *Lai d'Ignaure*, and the *Lais* of Marie de France«, in: *Stanford French Review* 14 (1990), S. 181–210.

Bowers, John M.: »Ordeals, privacy, and the Lais of Marie de France«, in: *Journal of Medieval and Renaissance Studies* 24 (1994), S. 1–31.

Braet, Herman: »Les lais bretons, enfants de la mémoire«, in: *Bibliographical Bulletin of the International Arthurian Society* 37 (1985), S. 283–291.

Brightenback, Kristine: »The *Metamorphoses* and narrative conjointure in *Deus Amanz*, *Yonec* and *Le Laüstic*«, in: *Romanic Review* 72 (1981), S. 1–12.

Brown, Catherine: »Glossing the origin: Lost wax poesis in the Lais of Marie de France«, in: *Romance Philology* 43 (1989/90), S. 197–208.

Bruckner, Matilda T.: »Strategies of naming in Marie de France's *Lais*: at the crossroads of gender and genre«, in: *Neophilologus* 75 (1991), S. 31–40.

Brugger, Ernst: »Eigennamen in den *Lais* der Marie de France«, in: *Zeitschrift für französische Sprache und Literatur* 49 (1926), S. 201–252 und 381–484.

Bullock-Davies, Constance: »Marie de France: a reassessment of her narrative technique in the *Lais*«, in: *Court and Poet: Selected Proceedings of the Third Congress of the International Courtly Literature Society (Liverpool 1980)*, hrsg. von Glyn S. Burgess, Liverpool 1981, S. 93–99.

Burgess, Glyn S.: »Chivalry and prowess in the *Lais* of Marie de France«, in: *French Studies* 37 (1983), S. 129–142.

Burgess, Glyn S.: »The problem of internal chronology in the *Lais* of Marie de France«, in: *Zeitschrift für französische Sprache und Literatur* 91 (1981), S. 133–155.

Burgess, Glyn S.: »Social status in the *Lais* of Marie de France«, in: *The*

*Spirit of the Court: Selected Proceedings of the Fourth Congress of the International Courtly Literature Society, Toronto 1983*, hrsg. von Glyn S. Burgess und Robert A. Taylor, Cambridge 1985, S. 69–78.

Caluwé, Jacques de: »L'Élément chrétien dans les *Lais* de Marie de France«, in: *Mélanges de littérature du moyen âge au XX^e siècle offerts à Mademoiselle Jeanne Lods*, 2 Bde., Paris 1978, Bd. I, S. 95–114.

Caluwé, Jacques de: »La Conception de l'amour dans les *Lais* de Marie de France«, in: *Senefiance* 7 (1979), S. 141–158.

Combarieu, Micheline de: »Les objets dans les *Lais* de Marie de France«, in: *Marche Romane* 30 (1980), S. 37–48.

Damon, S. Foster: »Marie de France: psychologist of courtly love«, in: *Publications of the Modern Language Association of America* 44 (1929), S. 968–996.

Dragonetti, Roger: »Le Lai narratif de Marie de France ›pur quei fu fez, coment e dunt‹«, in: *La Musique et les lettres: études de littérature médiévale*, Genf 1986, S. 99–121.

Dubuis, Roger: »La notion de *druerie* dans les *Lais* de Marie de France«, in: *Le Moyen Âge* 98 (1992), S. 391–413.

Faust, Diana M.: »Women narrators in the *Lais* of Marie de France«, in: *Women in French Literature: a Collection of Essays*, hrsg. von Michel Guggenheim, Saratoga (CA) 1988, S. 17–27.

Ferguson, Mary H.: »Folklore in the *Lais* of Marie de France«, in: *Romanic Review* 57 (1966), S. 3–24.

Flori, Jean: »Aristocratie et valeurs ›chevaleresques‹ dans la seconde moitié du XII^e siècle: l'exemple des *Lais* de Marie de France«, in: *Le Moyen Âge* 96 (1990), S. 35–65.

Flori, Jean: »Littérature et société au XII^e siècle: mariage, amour et courtoisie dans les *Lais* de Marie de France«, in: *Bien dire et bien aprandre* 8 (1990), S. 71–98.

Flori, Jean: »Amour et société aristocratique au XII^e siècle: l'exemple des *Lais* de Marie de France«, in: *Le Moyen Âge* 98 (1992), S. 17–34.

Foulet, Lucien: »English words in the *Lais* of Marie de France«, in: *Modern Language Notes* 20 (1905), S. 109–111.

Foulet, Lucien: »Marie de France et les lais bretons«, in: *Zeitschrift für romanische Philologie* 29 (1905), S. 19–56, 293–322.

Foulet, Lucien: »Marie de France et la légende de Tristan«, in: *Zeitschrift für romanische Philologie* 32 (1908), S. 161–183, 257–289.

Foulon, Charles: »Marie de France et la Bretagne«, in: *Annales de Bretagne* 60 (1952/53), S. 243–258.

Frappier, Jean: »Remarques sur la structure du lai: essai de définition et de classement«, in: J. F.: *Du Moyen Âge à la Renaissance: Études d'histoire et de critique littéraire*, Paris 1976, S. 15–35.

Freeman, Michelle: »The changing figure of the male: the revenge of the female storyteller«, in: *In Quest of Marie de France: A Twelfth-Century Poet*, hrsg. von Chantal A. Maréchal, Lewiston/Queenston/Lampeter 1992, S. 243–261.

Gaunt, Simon: »Fictions of orality in the Marie de France's *Lais*«, in: S. G.: *Retelling the Tale: An Introduction to Medieval French Literature*, London 2001, S. 49–70.

Gouraige, Adrienne: *Le Merveilleux dans les Lais de Marie de France*, Phil. Diss., State University of New York at Albany, 1973.

Harf-Lancner, Laurence: *Les Fées au Moyen Âge: Morgane et Mélusine, la naissance des fées*, Paris 1984.

Harf-Lancner, Laurence: *Le Monde des fées dans l'occident médiéval*, Paris 2003.

Griffin, Miranda: »Gender and authority in the Medieval French lai«, in: *Forum for Modern Language Studies* 35 (1999), S. 42–56.

Hanning, Robert W.: »Love and power in the twelfth century, with special reference to Chrétien de Troyes and Marie de France«, in: *The Olde Daunce: Love, Friendship, Sex and Marriage in the Medieval World*, hrsg. von Robert R. Edwards und Stephen Spector, Binghampton / New York 1990, S. 87–103.

Hoepffner, Ernest: »La Géographie et l'histoire dans les *Lais* de Marie de France«, in: *Romania* 56 (1930), S. 1–32.

Jackson, W. T. H.: »The arthuricity of Marie de France«, in: *Romanic Review* 30 (1979), S. 1–18.

Jonin, Pierre: »Les Préambules des *Lais* de Marie de France«, in: *Mélange de littérature du moyen âge au XX^e^ siècle offerts à Mademoiselle Jeanne Lods*, 2 Bde., Paris 1978, Bd. I, S. 351–364.

Jonin, Pierre: »Le Je de Marie de France dans les *Lais*«, in: *Romania* 103 (1982), S. 170–195.

Jonin, Pierre: »Le Roi dans les *Lais* de Marie de France«, in: *Essays in Early French Literature Presented to Barbara M. Craig*, York (SC) 1982, S. 25–41.

Krueger, Roberta L.: »The wound, the knot and the book: Literary traditions of love in the *Lais*«, in: *A Companion to Marie de France*, hrsg. von Logan E. Whalen, Leiden / Boston (MA) 2008, S. 55–88.

Larmat, Jean: »La Chasse dans les *Lais* de Marie de France«, in: *La Chasse au Moyen Âge: Actes du colloque du Centre d'Études Médiévales de Nice (Nice 22–24 juin 1979)*, Paris 1980, S. 377–384.

Lawson, Lise: »La Structure du récit dans les *Lais* de Marie de France«, in: *Court and Poet: Selected Proceedings of the Third Congress of the International Courtly Literature Society (Liverpool 1980)*, hrsg. von Glyn S. Burgess, Liverpool 1981, S. 233–240.

Lefay-Toury, Marie-Noëlle: »Pluralité des structures et des sens dans les *Lais* de Marie de France: quelques exemples«, in: *Le Récit bref au Moyen Âge: Actes du colloque des 27, 28 et 29 avril 1979*, hrsg. von Danielle Buschinger, Amient 1980, S. 25–44.

Leupin, Alexandre: »The impossible task of manifesting ›literature‹: on Marie de France's obscurity«, in: *Exemplaria* 3 (1991), S. 221–242.

McCulloch, Florence: »Length, recitation and meaning of the *Lais* of Marie de France«, in: *Kentucky Romance Quarterly* 25 (1978), S. 257–268.

Maddox, Donald: »Triadic structure in the *Lais* of Marie de France«, in: *Assays* 3 (1985), S. 19–40.

Masters, Bernadette A: »Anglo-Norman and *dreit engleis*: the English character of the lais of Harley MS 978 in the British Library«, in: *Parergon* 10 (1992), S. 83–118.

Mickel, Emanuel J.: »Marie de France's use of irony as a stylistic and narrative device«, in: *Studies in Philology* 71 (1974), S. 33–53.

Nelson, Jan A.: »Abbreviated style and *Les Lais de Marie de France*«, in: *Romance Quarterly* 1992, S. 131–148.

Nichols, Stephen G.: »Marie de France's commonplaces«, in: *Yale French Studies* 1991, S. 134–148.

Ollier, Marie-Louise: »Les *Lais* de Marie de France ou le recueil comme forme«, in: *La Nouvelle: Formation, codification et rayonnement d'un genre médiéval*, hrsg. von Michelangelo Picone, Giuseppe Di Stefano und Pamela D. Stewart, Montréal 1984, S. 64–79.

Pickens, Rupert T.: »History and meaning in the *Lais* of Marie de France«, in: *Studies on the Seven Sages of Rome and Other Essays in Medieval Literature Dedicated to the Memory of Jean Misrahi*, Honolulu (HI) 1978, S. 201–211.

Pickens, Rupert T.: »La Poétique de Marie de France d'après les prologues des *Lais*«, in: *Les Lettres Romanes* 32 (1978), S. 367–384.

Ribard, Jacques: *Du mythique au mystique: la littérature médiévale et ses symboles*, Paris 1994.

Rice, Joanna A.: »Conventional and unconventional character description in the *Lais* of Marie de France«, in: *Neuphilologische Mitteilungen* 85 (1984), S. 344–352.

Rieger, Dietmar: »Évasion et conscience des problèmes dans les *Lais* de Marie de France«, in: *Spicilegio Moderno* 12 (1979), S. 49–69.

Ringger, Kurt: »Imagerie et structure des *Lais* de Marie de France«, in: *XIV Congresso Internazionale di Linguistica e Filologia Romanza (Napoli, 15–20 aprile 1974): atti, volume V, communicazione*, Neapel/Amsterdam 1981, S. 40–48.

Ronchi, Gabriella: »Sulla questione dei rapporti tra il *Tristan* di Thomas e i *lais* di Maria di Francia«, in: *Medioevo Romanzo* 16 (1991), S. 261–270.

Rosenn, Eva: »The sexual and textual politics of Marie's poetics«, in: *In Quest of Marie de France: A Twelfth-Century Poet*, hrsg. von Chantal A. Maréchal, Lewiston/Queenston/Lampeter 1992, S. 225–242.

Rothschild, Judith R.: »The ›controlling woman‹ in Marie de France's *Lais*: a new perspective on narrative technique«, in: *Fifteenth Century Studies* 17 (1990), S. 337–349.

Rothschild, Judith R.: »Description and visualizable movement in Marie de France's *Lais*«, in: *L'Imaginaire courtois et son double: actes du VI^e^ congrès triennal de la Société Internationale de Littérature Courtoise, Fisciano (Salerno), 24–28 juillet 1989*, hrsg. von Giovanna Angeli und Luciano Formisano, Neapel/Rom/Mailand 1989, S. 409–419.

Rothschild, Judith R.: »Manipulative gestures and behaviors in the *Lais* of Marie de France«, in: *The Spirit of the Court. Selected Proceedings of the Fourth Congress of the International Courtly Literature Society (Toronto 1983)*, hrsg. von Glyn S. Burgess und Robert A. Taylor, Cambridge 1985, S. 283–288.

Rothschild, Judith R.: »Marie de France and the folktale: Narrative devices of the *Märchen* and her *Lais*«, in: *In Quest of Marie de France: A Twelfth-Century Poet*, hrsg. von Chantal A. Maréchal, Lewiston/Queenston/Lampeter 1992, S. 138–147.

Rothschild, Judith R.: »Sin, charity and punishment in Marie de France's *Lais*«, in: *Medieval Perspectives* 9 (1994), S. 146–157.

Rychner, Jean: »Le Discours subjectif dans les *Lais* de Marie de France: À propos d'une étude récente«, in: *Revue de Linguistique Romane* 53 (1989), S. 57–83.

Schürr, Friedrich: »Komposition und Symbolik in den *Lais* der Marie de France«, in: *Zeitschrift für romanische Philologie* 50 (1930), S. 556–582.

Spence, Sarah: »Double vision: Love and envy in the *Lais*«, in: *In Quest of Marie de France: A Twelfth-Century Poet*, hrsg. von Chantal A. Maréchal, Lewiston/Queenston/Lampeter 1992, S. 262–279.

Stevens, John: »Le granz biens of Marie de France«, in: *Patterns of Love and Courtesy: Essays in Memory of C. S. Lewis*, London 1966, S. 1–25.

Sturges, Robert: »Texts and readers in Marie de France's *Lais*«, in: *Romanic Review* 71 (1980), S. 244–264.

Vitz, Evelyn B.: »The *Lais* of Marie de France: ›Narrative grammar‹ and the literary text«, in: *Romanic Review* 74 (1983), S. 383–404.

Warnke, Karl: »Über die Zeit der Marie de France«, in: *Zeitschrift für romanische Philologie* 4 (1880), S. 223–248.

### Zum Prolog

Braet, Herman: »Marie de France et l'obscurité des anciens«, in: *Neuphilologische Mitteilungen* 79 (1978), S. 180–184.

Brightenback, Kristine: »Remarks on the *Prologue* to Marie de France's *Lais*«, in: *Romance Philology* 30 (1976/77), S. 168–177.

Delclos, Jean-Claude: »Encore le *Prologue* des *Lais* de Marie de France«, in: *Le Moyen Âge* 90 (1984), S. 223–232.

Donovan, Mortimer J.: »Priscian and the obscurity of the ancients«, in: *Speculum* 36 (1961), S. 75–80.

Fitz, Brewster E.: »The prologue to the *Lais* of Marie de France and the parable of the talents: Gloss and monetary metaphor«, in: *Modern Language Notes* 90 (1975), S. 558–564.

Foulet, Alfred / Uitti, Karl D.: »The prologue of the *Lais* of Marie de France: A reconsideration«, in: *Romance Philology* 35 (1981/82), S. 242–249.

Frese, Dolores W.: »Marie de France and the ›surplus of sense‹: a modest proposal concerning the *Lais*«, in: *De gustibus: Essays for Alain Renoir*, hrsg. von John M. Foley, New York / London 1992, S. 216–233.

Hunt, Tony: »Glossing Marie de France«, in: *Romanische Forschungen* 86 (1974), S. 396–418.

Mickel, Emanuel J.: »The unity and significance of Marie de France's prologue«, in: *Romania* 96 (1975), S. 83–91.

Nichols, Stephen G.: »Working late: Marie de France and the value of poetry«, in: *Women in French Literature: A Collection of Essays*, hrsg. von Michael Guggenheim, Saratoga 1988, S. 7–17.

Pagani, Walter: »Di nuovo sull'unità e il significato del prologo ai *Lais* di Maria di Francia«, in: *Linguistica e Letteratura* 4 (1979), S. 159–175.

Robertson, Durant W.: »Marie de France, *Lais*, prologue, 13–16«, in: *Modern Language Notes* 64 (1949), S. 336–338.

Spitzer, Leo: »The Prologue to the *Lais* of Marie de France and Medieval Poetics«, in: L. S.: *Romanische Literaturstudien 1936–1956*, Tübingen 1959, S. 8–14.

Whalen, Logan E.: »The prologues and the epilogues of Marie de France«, in: *A Companion to Marie de France*, hrsg. von Logan E. Whalen, Leiden / Boston (MA) 2008, S. 1–30.

Zanoni, Mary-Louise: »›Ceo testimoine Precien‹: Priscian and the prologue to the *Lais* of Marie de France«, in: *Traditio* 36 (1980), S. 407–415.

Guigemar

Bloch, R. Howard: »The medieval text – *Guigemar* – as a provocation to the discipline of Medieval Studies«, in: *Romanic Review* 79 (1988), S. 63–73.

Brook, Leslie C.: »Guigemar and the white hind«, in: *Medium Aevum* 56 (1987), S. 94–101.

Brumlik, Joan: »Thematic irony in Marie de France's *Guigemar*«, in: *French Forum* 13 (1988), S. 5–16.

Delbouille, Maurice: »›El chief de cest comencement...‹ (Marie de France, prologue de *Guigemar*)«, in: *Études de civilisation médiévale (IX^e^ au XII^e^): Mélanges offerts à Edmond-René Labande*, Poitiers 1974, S. 185–196.

Green, Robert B.: »The fusion of magic and realism in two lays of Marie de France«, in: *Neophilologus* 59 (1975), S. 324–336.

Illingworth, Richard N.: »Celtic tradition and the *lai* of *Guigemar*«, in: *Medium Aevum* 31 (1962), S. 176–187.

Jonin, Pierre: »Merveilleux et voyage dans le lai de *Guigemar*«, in: *Senefiance* 2 (1976), S. 275–287.

Jonin, Pierre: »Merveilleux celtique et symbolisme universel dans Guigemar de Marie de France«, in: *Mélanges de philologie et de littératures romanes offerts à Jeanne Wathelet-Willem*, Lüttich 1978, S. 239–255.

Lee, Ashley: »The hind episode in Marie de France's *Guigemar* and medieval vernacular poetics«, in: *Neophilologus* 92 (2009), S. 191–200.

März, Christoph: »Die drei Wunden des Herrn Guigemar: zu einem *lai* Maries de Frances«, in: *Germanisch-romanische Monatsschrift* 70 (1989), S. 377–386.

Méla, Charles: »Le lai de *Guigemar*, ›selon la lettre et l'écriture‹«, in: *Marche Romane* 30 (1980), S. 193–202.

Pickens, Rupert T.: »Thematic structure in Marie de France's *Guigemar*«, in: *Romania* 95 (1974), S. 328–341.

Pontfarcy, Yolande de: »La Souveraineté: du mythe au lai de *Guigemar*«, in: *Acta Litteraria* 32 (1990), S. 328–341.

Richards, Earl J.: »Les Rapports entre le lai de *Guigemar* et le *Roman d'Eneas*: considérations génériques«, in: *Le Récit bref au Moyen Âge:*

*actes du colloque des 27, 28 et 29 avril 1979*, hrsg. von Danielle Buschinger, Amiens 1980, S. 45–55.
Saly, Antoinette: »Observations sur le lai de *Guigemar*«, in: *Senefiance* 34 (1994), S. 7–22.
Schulze, Joachim: »*Guigemar*, der höfische Roman und die allegorische Psychologie des Mittelalters«, in: *Archiv für das Studium der neueren Sprachen und Literaturen* 217 (1980), S. 312–326.

Bisclavret

Bailey, H. W.: »*Bisclavret* in Marie de France«, in: *Cambridge Medieval Celtic Studies* 1 (1981), S. 95–97.
Bambeck, Wolfgang: »Das Werwolfmotiv im *Bisclavret*«, in: *Zeitschrift für romanische Philologie* 89 (1973), S. 123–147.
Benkov, Edith J.: »The naked beast: clothing and humanity in *Bisclavret*«, in: *Chimères* 19 (1988), S. 27–43.
Bruckner, Matilda T.: »Of men and beasts in *Bisclavret*«, in: *Romanic Review* 82 (1991), S. 251–269.
Freeman, Michelle A.: »Dual natures and subverted glosses: Marie de France's *Bisclavret*«, in: *Romance Notes* 25 (1985), S. 288–301.
Frese, Dolores W.: »The marriage of woman and werewolf: Poetics of estrangement in Marie de France's *Bisclavret*«, in: *Vox Intexta: Orality and Textuality in the Middle Ages*, hrsg. von Alger N. Doane und Carol B. Pasternack, Madison (WI) 1991, S. 183–202.
Gertz, SunHee Kim: »Transferral, transformation and the act of reading in Marie de France's *Bisclavret*«, in: *Romance Quarterly* 39 (1992), S. 399–410.
Ménard, Philippe: »Les histoires du loup-garou au Moyen Âge«, in: *Symposium in honorem Prof. M. de Riquer*, Barcelona 1984, S. 209–238.
Neumeister, Sebastian: »Das Märchenhafte in *Bisclavret* und *Lanval*: Symptom einer geschlossenen Welt«, in: *Mélanges de philologie romane offerts à Charles Camproux*, 2 Bde., Montpellier 1978, Bd. I, S. 429–438.
Schwerteck, Hans: »Eine neue Etymologie von *bisclavret*«, in: *Romanische Forschungen* 104 (1992), S. 160–163.

Suard, François: »*Bisclauret* et les contes du loup-garou: essai d'interprétation«, in: *Marche Romane* 30 (1980), S. 267–276.

Lanval

Crane, Susan: »Brotherhood and the construction of courtship in Arthurian romance«, in: *The Arthurian Yearbook* 3 (1993), S. 193–201.

Francis, Elizabeth A.: »The trial in *Lanval*«, in: *Studies in French Language and Mediaeval Literature Presented to Professor Mildred K. Pope*, Manchester 1939, S. 115–124.

Hodgson, Frederick: »Alienation and the Otherworld in *Lanval*, *Yonec*, and *Guigemar*«, in: *Comitatus* 5 (1974), S. 19–31.

Ireland, Patrick J.: »The narrative unity of the *Lanval* of Marie de France«, in: *Studies in Philology* 74 (1977), S. 130–145.

Kinoshita, Sharon: »Cherchez la femme: Feminist criticism and Marie de France's *Lai de Lanval*«, in: *Romance Notes* 34 (1994), S. 263–273.

Maraud, André: »Le Lai de *Lanval* et la *Chastelaine de Vergi*: la structure narrative«, in: *Romania* 93 (1972), S. 433–459.

Marchiori, Marina: »Note sul *Lanval* e la retorica medioevale«, in: *Giornale Italiano di Filologia* 2 (1971), S. 186–193.

Monson, Don A.: »L'idéologie du lai de *Lanval*«, in: Le Moyen Âge 93 (1987), S. 349–372.

O'Sharkey, Eithne M.: »The identity of the fairy mistress in Marie de France's *Lanval*«, in: *Trivium* 6 (1971), S. 17–25.

Rychner, Jean: »La Présence et le point de vue du narrateur dans deux récits courts: *Le Lai de Lanval* et la *Châtelaine de Vergi*, in: *Vox Romanica* 39 (1980), S. 86–103.

Suard, François: »Le Projet narratif dans Lanval, Graelent et Guingamor«, in: *Études de langue et de littérature françaises offertes à André Lanly*, Nancy 1980, S. 357–369.

Wathelet-Willem, Jeanne: »Le Mystère chez Marie de France«, in: *Revue Belge de Philologie et d'Histoire* 39 (1961), S. 661–686.

## Yonec

Honeycutt, Benjamin T.: »The interaction of structure, description and symbol in *Yonec* of Marie de France«, in: *The University of South Florida Language Quarterly* 12 (1974), S. 24–25, 28.

Illingworth, Richard N.: »Celtic tradition and the *lai* of Yonec«, in: *Études Celtiques* 9 (1960/61), S. 501–520.

Johnson, Susan: »Christian allusion and divine justice in *Yonec*«, in: *In Quest of Marie de France: a Twelfth-Century Poet*, hrsg. von Chantal A. Maréchal, Lewiston/Queenston/Lampeter 1992, S. 161–174.

Johnston, Oliver M.: »Sources of the lay of *Yonec*«, in: *Publications of the Modern Language Association of America* 20 (1905), S. 322–338.

McCash, June H.: »The hawk-lover in Marie de France's *Yonec*«, in: *Medieval Perspectives* 6 (1991), S. 67–75.

Murray, Sarah-Jane: »The ring and the sword: Marie de France's *Yonec* in light of the *Vie de seint Alexis*«, in: *Romance Quarterly* 53 (2006), S. 25–42.

Payen, Jean-Charles: »Structure et sens d'*Yonec*«, in: *Le Moyen Âge* 82 (1976), S. 263–287.

## Laüstic

Burgess, Glyn S.: »On the interpretation of Laüstic, v. 50«, in: *French Studies Bulletin* 42 (1992), S. 10–12.

Burgess, Glyn S.: »Symbolism in Marie de France's *Laüstic* and *Le Fresne*«, in: *Bibliographical Bulletin of the International Arthurian Society* 33 (1981), S. 258–268.

Cargo, Robert T.: »Marie de France's *Le Laustic* and Ovid's *Metamorphoses*«, in: *Comparative Literature* 18 (1966), S. 162–166.

Cottrell, Robert D.: »*Le Lai du Laustic*: from physicality to spirituality«, in: *Philological Quarterly* 47 (1968), S. 499–505.

Green, Robert B.: »Marie de France's *Laüstic*: Love's victory through symbolic expression«, in: *Romance Notes* 16 (1974/75), S. 695–699.

Pfeffer, Wendy: *The Change of Philomel: The Nightingale in Medieval Literature*, Bern [u. a.] 1984.

Ribeiro, Cristina A.: »La Mort du rossignol ou le silence de l'amour (à propos du lai du *Laüstique*)«, in: *Ariane* 5 (1987), S. 7–14.
Tudor, A. P.: »The religious symbolism of the ›reliquary of love‹ in Laüstic«, in: *French Studies Bulletin* 46 (1993), S. 1–3.
Woods, William S.: »Marie de France's *Laüstic*«, in: *Romance Notes* 12 (1970/71), S. 203–207.

Chievrefoil

Adams, Alison, Hemming, T. D.: »*Chèvrefeuille* and the evolution of the Tristan legend«, in: *Bibliographical Bulletin of the International Arthurian Society* 28 (1976), S. 204–213.
Baumgartner, Emmanuelle: »Lyrisme et roman: du *Lai de Guirun* au *Lai du Chèvrefeuille*«, in: *Mélanges de langue et de littérature occitanes, médiévales et modernes en hommage à Pierre Bec*, Poitiers 1991, S. 77–83.
Berkvam, Doris D.: »La ›vérité‹ déplacée dans le *Chevrefoil*«, in: *Neophilologus* 73 (1989), S. 14–22.
Bordier, Jean-Pierre: »La vérité du *Chevrefoil*«, in: *Perspectives Médiévales* 2 (1976), S. 46–53.
Busby, Keith: »Ceo fu la summe de l'escrit‹ (*Chevrefoil*, 61) again«, in: *Philological Quarterly* 74 (1995), S. 1–15.
Cagnon, Maurice: »*Chievrefoil* and the ogamic tradition«, in: *Romania* 91 (1970), S. 238–255.
Delbouille, Maurice: »Ceo fu la summe de l'escrit… (*Chievrefoil*, 61ss), in: *Mélanges de langue et de littérature du moyen âge et de la Renaissance offerts à Jean Frappier*, 2 Bde., Genf 1970, Bd. I, S. 207–216.
Dubuis, Roger: »Plaidoyer pour une lecture globale du lai de *Chèvrefeuille*«, in: *Le Moyen Âge* 87 (1981), S. 341–371.
Durand-Monti, Paul: »Encore le bâton de *Chevrefoil*«, in: *Bibliographical Bulletin of the International Arthurian Society* 12 (1960), S. 117 f.
Fitz, Brewster E.: »Desire and interpretation: Marie de France's *Chievrefoil*«, in: *Yale French Studies* 58 (1979), S. 182–189.
Frank, Grace: »Marie de France and the Tristram legend«, in: *Publications of the Modern Language Association of America* 63 (1948), S. 405–411.

Frappier, Jean: »Contribution au débat sur le lai du *Chèvrefeuille*«, in: J. F.: *Du Moyen Âge à la Renaissance: études d'histoire et de critique littéraire*, Paris 1976, S. 37–50.

Gier, Albert: »Noch einmal: *Chevrefoil*, v. 51–78«, in: *Zeitschrift für romanische Philologie* 98 (1982), S. 540–546.

Gravdal, Kathryn: »Fragmentation and imagination in the Old French Tristan: Marie de France's Lai du *Chievrefoil*«, in: *Tristania* 12 (1986/87), S. 69–78.

Hatcher, Anna G.: »Lai du *Chievrefueil*«, 61–78, 107–113«, in: *Romania* 71 (1950), S. 330–344.

Hoepffner, Ernest: »Les deux lais du *Chèvrefeuille*«, in: *Mélanges de littérature, d'histoire et de philologie offerts à Paul Laumonier*, Paris 1935, S. 41–49.

Hofer, Stefan: »Der Tristanroman und der *Lai du Chievrefueil* der Marie de France«, in: *Zeitschrift für romanische Philologie* 69 (1953), S. 129–131.

Illingworth, Richard N.: »Structural interlace in the lai of *Chevrefoil*«, in: *Medium Aevum* 54 (1985), S. 248–258.

Kamber, Gerald: »A case of symbolic syntax in the *Chievrefueil*«, in: *Romance Notes* 1 (1959/60), S. 151–154.

Kunstmann, Pierre: »Symbole et interprétation: le message de Tristan dans le *Chèvrefeuille*«, in: *Tristania* 13 (1987/88), S. 35–52.

Le Gentil, Pierre: »À propos du lai du *Chèvrefeuille* et de l'interprétation des textes médiévaux«, in: *Mélanges offerts à Henri Chamard*, Paris 1951, S. 17–27.

Lejeune, Rita: »Le Message d'amour de Tristan à Yseut (encore un retour au *Lai du Chèvrefoil* de Marie de France)«, in: *Mélanges de langue et littérature françaises du moyen âge offerts à Charles Foulon*, Rennes 1980, S. 187–194.

Martineau-Génieys, Christine: »Du *Chievrefoil*, encore et toujours«, in: *Le Moyen Âge* 78 (1972), S. 91–114.

Paoli, Guy: »Le Sens de la lettre: au sujet du lai du *Chèvrefeuille*«, in: *Senefiance* 7 (1979), S. 485–500.

Ribard, Jacques: »Essai sur la structure du lai du *Chèvrefeuille*«, in: *Du mythique au mystique: la littérature médiévale et ses symboles*, Paris 1994, S. 219–225.

Santucci, Monique: »Derechef, le *Lai du Chèvrefeuille*: rêve merveilleux et parole d'espoir«, in: *L'Information Littéraire* 31 (1979), S. 55–60.
Spitzer, Leo: »La *Lettre sur la baguette de coudrier* dans le lai du *Chievrefueil*«, in: L. S.: *Romanische Literaturstudien 1936–1956*, Tübingen 1959, S. 15–25.
Trachsler, Richard: »Tant de ›Lettres‹ sur un si petit ›bastun‹. Le ›Lai du Chèvrefeuille‹ devant la critique littéraire (1200–2000)«, in: *Medioevo romanzo* 27 (2003), S. 3–23.
Verhuyck, Paul: »Marie de France, le chèvrefeuille et le coudrier«, in: *Mélanges de linguistique, de littérature et de philologie médiévales, offerts à J. R. Smeets*, Leiden 1982, S. 317–326.
Wiesmann-Wiedemann, Friederike: »*Glose* to the *sen* of Marie de France's *Chievrefoil*«, in: *Fifteenth Century Studies* 1 (1978), S. 287–313.
William, Joseph P.: »The sources and the composition of Marie's Tristan episode«, in: *Studies in Honor of Tatiana Fotitch*, Washington (DC) 1972, S. 115–127.

# Nachwort

Nehmen wir eine Textausgabe zur Hand und schenken nicht nur dem Werk selbst, sondern auch dem Nachwort noch unsere Aufmerksamkeit, dann dürfen wir erwarten, mit Information entlohnt zu werden, die das Gelesene in einen breiteren Zusammenhang stellt: mit Biographischem zu Autor oder Autorin des Werkes, soweit es für seine oder ihre literarische Produktion relevant ist, mit einer Vorstellung des Werkes selbst, mit Wesentlichem zu den Umständen seiner Entstehung und zu den Beziehungen, die es zu anderen, früheren und späteren, unterhält, und vielleicht mit ein paar Sätzen zu den Gründen, warum genau dieses Werk das Interesse des Lesers verdient. Es gehört zu den Eigenheiten mittelalterlicher Überlieferung, dass solche Information selten in befriedigender Weise gegeben werden kann. Die Autorin der *Lais* bleibt bis heute eine Kontur, die auszufüllen über tentative Annäherungen kaum hinausgelangen kann, und auch die genaueren Umstände des Entstehens ihrer Werke bleiben im Dunkeln.

## I. Zur Autorin der *Lais*

Von einer »Marie de France« lesen wir erstmals rund vier Jahrhunderte nach der angenommenen Entstehungszeit der *Lais*, 1581, in Claude Fauchets *Recueil de l'origine de la langue et poésie française, ryme et romans*. Hier heißt es, auf Seite 163, »Marie de France, ne porte ce nom pour ce qu'elle fust du sang des Rois: mais pour ce que'elle fust natifve de France [...]. Elle a mis en vers François les fables d'Esope moralisees, qu'elle dit auoir translatees d'Anglois en François.« Fauchet bezieht sich auf die Übersetzung einer mittelenglischen Sammlung äsopischer Fabeln, deren Epilog mit den folgenden, von Fauchet aus einer nicht näher spezifizierten Handschrift zitierten Versen beginnt: »Al finement de cest escrit, / que en romanz ai treité e dit, / me numerai pur remembrance: / Marie ai nun, si sui de France« (vv. 1–4).[1] Es handelt sich wohl nicht um einen Namen, sondern um eine Herkunftsangabe: Marie, aus (dem kontinentalen) Frankreich, oder vielleicht: aus der Region Île de France. Diese Verse finden sich, mit Varianten, in sechzehn von fünfundzwanzig Handschriften, in denen diese *Fables* überliefert sind.[2] Eine davon ist ein anglo-normannisches Manuskript, heute London, British Library, Harley 978, das im dritten Viertel des 13. Jahrhunderts in England entstanden ist. Diese Handschrift wird im 18. Jahrhundert unter englischen Gelehrten bekannt. Thomas Wartons *History of English Poetry* (1774–78)[3] und Thomas Tyrwhitts *The Canterbury Tales of Chaucer* (1775–78)[4] weisen auf eine in derselben Handschrift enthaltene Sammlung kurzer Erzählungen in paarweise reimenden Achtsilbern hin, als deren Verfasserin sich ebenfalls eine – zumindest von Warton umstandslos mit der Verfasserin der *Fables* identifizierte – »Marie« nennt: »Oëz, seignurs, ke dit Marie, / Ki en sun tens pas ne s'oblie« (*Guigemar*, vv. 3 f.). Es sind jene, die als die *Lais* der ›Marie de France‹ bekannt und berühmt ge-

1 Wir zitieren die *Fables* hier und im folgenden nach der Ausgabe Marie de France: *Les Fables*, éd. critique accompagnée d'une introduction, d'une traduction, de notes et d'un glossaire par Charles Brucker, seconde édition revue et complétée, Paris/Leuven 1998.

2 Keith Busby: »The manuscripts of Marie de France«, in: *A Companion to Marie de France*, hrsg. von Logan E. Whalen, Leiden / Boston (MA) 2011, S. 303–318, insbes. 311–316.

3 *History of English Poetry, from the Close of the Eleventh to the Commencement of the Eighteenth Century*, 2 Bde., London 1774–78, der Hinweis auf die Handschrift und Zitate aus den *Lais* in Bd. I, 1st diss., p.a.2.

4 *The Canterbury Tales of Chaucer*, 5 Bde., London 1775–78, Bd. IV, S. 164–168.

worden sind. Wir finden in dieser seither für alle Editionen der *Lais* maßgeblichen Handschrift einen Prolog und zwölf *lais*: *Guigemar*, *Equitan*, *Le Fresne*, *Bisclavret*, *Lanval*, *Deus Amanz*, *Yonec*, *Laüstic*, *Milun*, *Chaitivel*, *Chievrefoil* und *Eliduc*. Einzelne dieser Texte sind in weiteren Handschriften überliefert: *Guigemar*, *Lanval*, *Yonec*, *Chievrefoil*, *Deus Amanz* (vv. 1–159), *Bisclavret* (ab v. 233), *Milun*, *Le Fresne* und *Equitan* in Paris, BNF, nouv. acq. fr. 1104 (Ms. S), *Yonec* (ab v. 396), *Guigemar* und *Lanval* in Paris, BNF, f. fr. 2168, *Lanval* und *Yonec* jeweils in London, British Library, Cott. Vesp. B XIV (Ms. C) und Paris, BNF, f. fr. 24432 (Ms. Q). Wenig deutet darauf hin, dass die Texte der Sammlung, wie sie die Handschrift Harley 978 (Ms. H) überliefert, in der hier vorzufindenden Reihenfolge[5] oder für diese Form von Sammlung geschrieben worden sind, auch wenn eine Reihe von Indizien in den Texten selbst darauf hindeutet, dass es sich nicht um isolierte Kompositionen handelt.[6] Mangels eindeutiger Belege wird man selbst die Frage offen lassen müssen, ob ein einzelner Autor oder eine einzelne Autorin für die gesamte Sammlung verantwortlich zeichnet.[7]

Die Identität der »Marie« der *Fables* und jener »Marie« der

5 Siehe den Versuch, einzelne *lais* zu datieren, in Burgess: *The Lais of Marie de France*, 1987, Kap. 1.

6 Siehe *Guigemar*, vv. 19–21, *Bisclavret*, v. 1, *Lanval*, vv. 1 f., *Yonec*, v. 1, vv. 3 f., *Milun*, vv. 1 f., *Equitan*, v. 7.

7 Joan M. Ferrante: »Marie de France«, in: *A New History of French Literature*, hrsg. von Denis Hollier, Cambridge (MA) 1989, S. 50–55, hier 50, zieht ein pessimistisches Fazit zu Versuchen, die einheitliche Autorschaft der in Harley 978 überlieferten Texte zweifelsfrei nachzuweisen: »There is little in the works to connect them with each other or with the same Marie, beyond a clear authorial interest in edifying her audience, which is scarcely distinctive in medieval literature, and a concern with social responsibility in the public and private realms that runs through the fables and the *lais*.« Mit fester,

*Lais* ist von der modernen Forschung kritisch diskutiert, aber letztlich nie nachhaltig in Frage gestellt worden. Ein drittes Werk vergleichbarer Entstehungszeit, in dem sich eine »Marie« als Autorin nennt, liegt mit einem in der Handschrift Paris, BNF f. fr. 15407 überlieferten *Espurgatoire seint Patriz* vor, der Übersetzung des *Tractatus de Purgatorio sancti Patricii* eines nicht näher identifizierten Mönchs aus »Sartis«, der Zisterzienserabtei von Sawtry (Cambridgeshire). Sie habe das Werk vor dem Vergessen gerettet, so lesen wir in dieser Übersetzung, und auch für Laien zugänglich gemacht, indem sie es in das *romanz*, die (französische) Volkssprache, übertragen habe: »Jo, Marie, ai mis en memoire / Le livre de l'Espurgatoire, / En romanz, qu'il seit entendables / A laie gent e covenables.« (vv. 2297–2300)[8] In jüngster Zeit ist jener »Marie« ein vierter Text zugeordnet worden, eine in der Handschrift London, British Library, Add. 70513 überlieferte *Vie seinte Audree*, in der wir die Verse »Ici escris mon non Marie, / Pour ce ke sois remembree« (vv. 4624 f.) lesen.[9]

Die Datierung der genannten Werke, und mit dieser die tentative Bestimmung der Lebens- und Schaffenszeit jener »Ma-

gegenteiliger Überzeugung argumentiert dagegen R. Howard Bloch: *The Anonymous Marie de France*, Chicago (IL) / London 2003.

8 Wir zitieren hier und im folgenden nach der Ausgabe Marie de France: *L'Espurgatoire seint Patriz*, nouvelle édition critique accompagnée du De Purgatorio Sancti Patricii (éd. de Warnke), d'une introduction, d'une traduction, de notes et d'un glossaire par Yolande de Pontfarcy, Leuven/Paris 1995.

9 June Hall McCash: »La vie seinte Audree: A fourth text by Marie de France?«, in: *Speculum* 77 (2002), S. 744–777; s. auch *The Life of Saint Audrey: A Text by Marie de France*, hrsg. von June Hall McCash und Judith Clark Barban, Jefferson (NC) 2006, zur angenommenen Verfasserin s. insbes. S. 3–9, dort jeweils auch Verweise auf frühere Erwägungen von Marie de France als Verfasserin.

rie«, bleibt bis heute unsicher. Die Widmung der *Lais*, »en l'honur de vus, nobles reis« (Prolog, v. 43), wird für gewöhnlich auf Heinrich II. Plantagenet von England bezogen, die Sammlung wäre dann zwischen 1154 und 1189 entstanden. Befunde der Einfluss- und Rezeptionsforschung erlauben vorsichtige Präzisierungen. Gautier d'Arras' *Ille et Galeron* (1178), nach Überzeugung Jean Rychners eine Ausarbeitung des *Eliduc*, legt eine Abfassung mindestens dieses *lai* vor Ende der 1170er Jahre nahe.[10] Eine »Marie«, die *lais* verfasst habe, ist Denis Piramus bekannt, dem Verfasser einer *Vie seint Edmund le rei*, deren Redaktion auf um 1170 angesetzt wird.[11] Die *Lais* selbst zeigen den Einfluss von Waces *Roman de Brut* (1155) und ebenso der volkssprachlichen Fassungen antiker Stoffe, die als *Roman de Thèbes* und *Roman d'Eneas* bekannt und vor Mitte der 1160er Jahre abgeschlossen worden sind. So ergäbe sich eine Entstehungszeit zwischen Mitte der 1160er und Mitte der 1170er Jahre, mit einer Tendenz zu den Jahren vor 1170, weil sich in den *Lais* bislang kein Einfluss von Chrétien de Troyes' *Erec et Enide* hat nachweisen lassen – ein bemerkenswerter, wenig wahrscheinlicher Befund, wenn wir die Entstehung der *Lais* nach 1170 ansetzten, gleichwohl nur ein schwaches Argument *ex silentio*.

Die in den *Fables* dokumentierte franzische Herkunft jener »Marie« zum einen, die anglo-normannischen Züge insbesondere des Zeugen H, eine Reihe von Toponymen und dazu von Anglizismen und englischen Wörtern in den *Lais*,[12] Passagen in

10 Marie de France: *Lais*, éd. critique, avec introduction, publiés par Jean Rychner, Paris 1966, S. xi.

11 Zur Datierung des Werkes s. *La Vie seint Edmund le rei* by Denis Piramus, hrsg. von Delbert W. Russell, Oxford 2014, S. 7–9, S. cxxvi f. und cxxxi. Wir kommen auf dieses Werk später zurück.

12 Bernadette A. Masters: »Anglo-Norman and *dreit engleis*: the English character of the lais of Harley MS 978 in the British Library«, in:

*Milun*, v. 330, und *Eliduc*, v. 486, die auf einen anglo-normannischen Entstehungskontext hindeuten mögen, schließlich die Übersetzung der in Harley 978 enthaltenen *Fables* aus dem Englischen ins Französische und das zwischenzeitlich verfügbare Wissen zu Entstehungs- und Überlieferungsgeschichte dieser Handschrift geben Indizien, die eine Präzisierung dieser tentativen Datierung und erste Anhaltspunkte zur Identifikation der Autorin geben mögen.

Die Datierung der *Fables* hängt von der Identifikation eines »cunte Willame« (Epilog, v. 9) ab, dem sie gewidmet sind. Charles Brucker diskutiert die verschiedenen Möglichkeiten und schließt auf die Jahre zwischen 1189 und 1208.[13] Die mittellateinische Vorlage des *Espurgatoire*, ein eminent erfolgreiches, in rund 150 Handschriften überliefertes Werk, ist einem ».H., abbati de Sartis«[14] gewidmet, in dem die Forschung heute Hugh, den Abt des Mutterklosters dieser Abtei in Old Wardon (Bedfordshire) zwischen 1173 und 1185/86, sieht. Der *Tractatus*, und »Maries« Übersetzung mit ihm (v. 2074), erwähnt den Heiligen Malachias, dessen Kanonisierung erst am 6. Juli 1189 vollzogen wird. Werk und Übersetzung dürften also später zu datieren sein.[15] Versuche, auf der Basis solcher Annäherungen zur möglichen Autorin der *Lais* vorzudringen, gehen bis heute

*Parergon* 10 (1992), S. 83–118; Ernest Hoepffner: »La Géographie et l'histoire dans les *Lais* de Marie de France«, in: *Romania* 56 (1930), S. 1–32; Lucien Foulet: »English Words in the *Lais* of Marie de France«, in: *Modern Language Notes* 20 (1905), S. 109–111.

13 Marie de France, *Les Fables*, ed. Brucker, S. 3.

14 Der lateinische Text nach Marie de France, *L'Espurgatoire seint Patriz*, ed. Pontfarcy, S. 74.

15 F. W. Locke: »A new date for the composition of the *Tractatus de purgatorio sancti Patricii*«, in: *Speculum* 40 (1965), S. 641–646; Robert Easting: »The date and dedication of the *Tractatus de purgatorio sancti Patricii*«, in: *Speculum* 53 (1978), S. 778–782.

über vorsichtige Vermutungen kaum hinaus.[16] Frühe Hypothesen, es handele sich um Marie de Compiègne[17] oder um Marie de Champagne, die Tocher Ludwigs VII. von Frankreich und Eleonore von Aquitaniens,[18] gelten als widerlegt. Es könnte sich um Marie, die Äbtissin der Abtei von Shaftesbury (Dorset) von um 1181 bis nach 1215, handeln, illegitime Tochter Gottfried von Anjous und mithin Halbschwester von Heinrich II. Plantagenet.[19] Es könnte sich ferner um eine Marie handeln, die als Äbtissin der Abtei in Reading (Berkshire) belegt ist, eine Hypothese, für die nicht viel mehr spricht als die Entstehung mindestens eines Teils der Handschrift Harley 978 in dieser Abtei.[20] Eine weitere Hypothese sieht in »Marie« die Tochter von Stephan von England und Marie de Boulogne. Diese war zunächst Äbtissin der Abtei zu Romsey (Hampshire), wurde indes 1160 von Heinrich II. Plantagenet mit Matthaeus, dem Grafen der Lorraine, verheiratet. Diese Heirat machte jene Marie zur Schwägerin von Hervé II., dem Sohn Guiomar von

16 Siehe die zusammenfassende Diskussion des Forschungsstandes zur Autorin und zu anzunehmenden biographischen Daten (bis zum Jahr 2003) in Bloch, *The Anonymous Marie de France*, S. 1–24.

17 P. Chabaille: »Marie de France«, in: *Nouvelle biographie générale*, Paris 1857–66, Bd. 33, Sp. 732; Eduard Mall: *De aetate rebusque Mariae Franciae nova questio instituitur*, Halle 1867.

18 So in Emil Winkler: *Französische Dichter des Mittelalters: II, Marie de France*, Wien 1918.

19 John C. Fox: »Marie de France«, in: *English Historical Review* 25 (1910), S. 303–306; John C. Fox: »Mary, abbess of Shaftesbury«, in: *English Historical Review* 26 (1911), S. 317–326; Jessie Crosland: *Medieval French Literature*, Oxford 1956, S. 97; Constance Bullock-Davis: »Marie, abbess of Shaftesbury, and her brothers«, in: *English Historical Review* 80 (1965), S. 314–322.

20 Ezio Levi: »Maria di Francia e le abbazie d'Inghilterra«, in: *Archivum Romanicum* 5 (1921), S. 472–493.

Léons, der *Guigemar* den Namen geliehen haben könnte. Sie kehrte zwischen 1168 und 1180 ins Kloster zurück, vermutlich in die Abtei von Sainte Austreberthe in Montreuil-sur-Mer.[21] Eine weitere Hypothese sieht in der Verfasserin der *Lais* Marie, die Tochter von Galeran IV. von Meulan.[22] Diese legte nahe, dass Marie im franzischen Vexin aufgewachsen ist, was die Herkunftsangabe in den *Fables* erklärte. Um 1170 heiratete diese Hugh Talbot, den Grafen von Cleuville (Haute-Normandie), dessen Besitz in Herefordshire zu Kontakt mit Südwales Anlass geboten haben und den anglo-normannischen Entstehungskontext ihrer Werke erklären könnte. Wir haben erwähnt, dass »Marie« die *Fables* einem »cunte Willame« widmet, der als »le plus vaillant de nul realme« (Epilog, v. 10) und »flurs [...] de chevalerie, / D'enseignement, de curteisie« (Prolog, vv. 31 f.) dargestellt wird. Für den Adressaten dieser Widmung kommt in der zweiten Hälfte des 12. Jahrhunderts u. a. Wilhelm von Mandeville in Frage, Graf von Essex seit 1166/67, verstorben 1189. Wilhelm von Mandeville war Heinrich II. Plantagenet eng verbunden, es konnte zudem eine Verbindung zwischen Wilhelm von Mandeville und Hugh Talbot, dem Ehemann Marie de Meulans, nachgewiesen werden.[23] Die Hypothese schien eine große Zahl verstreuter Indizien in einen plausiblen Zusammenhang bringen zu können und war in der Diskussion der Historiker und Philologen entsprechend er-

21 Antoinette Knapton: »À la recherche de Marie de France«, in: *Romance Notes* 19 (1978), S. 248–253.

22 Urban T. Holmes: »New thoughts on Marie de France«, in: *Studies in Philology* 29 (1932), S. 1–10; N. Flum: »Additional thoughts on Marie de France«, in: *Romance Notes* 3 (1961/62), S. 53–56; Yolande de Pontfarcy: »Si Marie de France était Marie de Meulan«, in: *Cahiers de Civilisation Médiévale* 38 (1995), S. 353–361.

23 Peter R. Grillo: »Was Marie de France the Daughter of Waleran II, Count of Meulan?«, in: *Medium Aevum* 57 (1988), S. 269–274.

folgreich, scheint aber, wie jüngste Forschung gezeigt hat, auf der Vermengung biographischer Daten zweier historisch distinkter Persönlichkeiten zu basieren,[24] muss also als wertlos gelten. Im Zusammenhang der Diskussion um die Attribution der *Vie seinte Audree* schließlich ist in jüngster Zeit Mary Becket erwogen worden, die Schwester des 1170 ermordeten Erzbischofs von Canterbury Thomas Becket, die 1173, im Jahr der Kanonisierung des Bruders, von Heinrich II. Plantagenet zur Äbtissin von Barking (Essex) bestellt wurde. Carla Rossi hat für diese Möglichkeit eine Reihe von Indizien zusammengetragen,[25] die sie als aktuell stärkste Hypothese erscheinen lässt – als Hypothese gleichwohl, nicht mehr.

## II. Zur Entstehungszeit

Die Jahrzehnte nach 1160 fallen in eine kulturelle Blütezeit des mittelalterlichen Nordwesteuropa, für die seit Charles Homer Haskins das Schlagwort von der ›Renaissance des 12. Jahrhunderts‹[26] geläufig ist. Bei aller Skepsis solchen Übertragungen gegenüber scheinen im ›langen‹ 12. Jahrhundert vom Aufruf zum ersten Kreuzzug 1095 bis zum Laterankonzil von 1215 doch Entwicklungen in Gang zu kommen, die zunächst tragfä-

24 Carla Rossi: »Brevi note su Marie de Meulan (~1000–1060), un'improbabile Marie de France«, in: *Critica del testo* 7 (2004), S. 1147–1155.

25 Carla Rossi: *Marie de France et les érudits de Cantorbéry*, Paris 2009.

26 Charles Homer Haskins: *The Renaissance of the Twelfth Century*, Cambridge (MA) 1927. Vgl. die neueren Überblicksdarstellungen von Christopher Brooke: *The Twelfth Century Renaissance*, London 1969, Robert N. Swanson: *The Twelfth-Century Renaissance*, Manchester 1999, und die Beiträge in Robert L. Benson / Giles Constable (Hrsg.): *Renaissance and Renewal in the Twelfth Century*, Toronto / Buffalo (NY) / London 1991.

hige Antworten auf die Krisen des Frühmittelalters geben, um sich dann in allen Bereichen sozialer Organisation und kultureller Produktion als eminent zukunftsträchtig zu erweisen. Das ›Feudalsystem‹ erreicht seine stabilste Ausprägung, insbesondere Nordfrankreich weist eine im europäischen Kontext einzigartig dichte Lehnshierarchie mit vielfältigen Ebenen der Subinfeudation auf.[27] Die Begründung der Hanse nach dem Wiederaufbau Lübecks 1159 steht exemplarisch für eine neue wirtschaftliche Dynamik. Die 1140 unter Abt Suger fertiggestellte Abteikirche von Saint Denis nahe Paris wird zum Typbau der Gotik in Europa. Das muslimisch dominierte Sizilien, die Reconquista der Iberischen Halbinsel und die Kreuzzüge seit 1095 bringen das christliche Europa in Kontakt mit der Gelehrsamkeit der arabischen Welt und in Byzanz, und so mittelbar mit dem Erbe der Antike, das bald in lateinischer Übersetzung verfügbar wird: Ohne die Vervollständigung des Aristotelischen *Organon* durch die Übersetzerschule von Toledo bliebe der Nominalismus kaum denkbar. Die Kathedralschulen in Chartres, Orléans und Canterbury werden zu Zentren der Gelehrsamkeit, erste Universitäten moderner Prägung entstehen, wie Bologna (Mitte des 12. Jh.s), Paris (1200) oder Oxford (1214). Eine Reihe technischer Innovationen und Importe ist zu verzeichnen, so der Ende des 12. Jahrhunderts attestierte magnetische Kompass, das aus der arabischen Welt bezogene Astrolabium oder die erstmals 1185 in Yorkshire dokumentierte

27 Siehe dazu ausführlich Georges Duby: *Les trois ordres ou L'Imaginaire du féodalisme*, Paris 1978. Der Begriff ist der Geschichtswissenschaft in jüngerer Zeit problematisch geworden, vgl. Susan Reynolds: *Fiefs and Vassals: The Medieval Evidence Reinterpreted*, Oxford 1994, und das Resümee der sich anschließenden Diskussion in Constance Brittain Bouchard: *Strong of Body, Brave and Noble: Chivalry and Society in Medieval France*, Ithaca (NY) 1998, S. 35–38.

Windmühle. Vor allem ist die zweite Hälfte des 12. Jahrhunderts eine Zeit bis dahin im nördlichen Westeuropa nie dagewesener literarischer Produktivität, und dies nicht nur im Latein des Klerus und der Verwaltungen, sondern vor allem auch in der romanischen Volkssprache. Geistliche Literatur entsteht, die die Gehalte des Glaubens und die Viten der Heiligen auch Laien nahebringt, die des Lateinischen nicht mächtig sind, wie die *Vie de seint Alexis*, die *Voyage de saint Brendan* oder die *Vie de seint Thomas Becket* von Guernes de Pont-Saint-Maxence, der auf tagesaktuelle Ereignisse Bezug nimmt. Chroniken, Bestiarien, Lapidarien, Lunarien, enzyklopädische Abhandlungen und didaktische Werke erscheinen in der Volkssprache. Der Heldensang der Chansons de geste, antikisierende Romane wie *Roman d'Eneas*, *Roman de Thèbes* und *Roman de Troie*, altfranzösische Adaptionen von Vergils *Aeneis*, Statius' *Thebais* und einer spätantiken Troja-Erzählung, die neuen ›höfischen‹ Romane Chrétien de Troyes' auf der Basis arthurischer Stoffe, die Bearbeitungen des Tristan-Stoffes durch Béroul und Thomas von England, die ›Singfabel‹ *Aucassin et Nicolette*, die Liebeslyrik der *trobadors* und *trobairitz* im okzitanischen Sprachraum, die bald im französischen Norden aufgenommen wird, weltliche und religiöse Dramen: Die altfranzösische Literatur beeinflusst die Literaturen des romanischen Südens, des germanischen Ostens, des skandinavischen Nordens. Ihr Einfluss bleibt vorherrschend, bis der frühe italienische Renaissance-Humanismus langsam die Führung übernimmt.

Diese altfranzösische Literatur entsteht unter politisch prekären Umständen, die einerseits als katastrophale Vorgeschichte des Hundertjährigen Krieges (1337–1453) zu gelten haben, andererseits politische Zentralisierungsprozesse in Gang setzen, die mit einer Ausprägung wenn nicht ›nationaler‹ Identität, so doch eines in seiner Deutlichkeit historisch neuen ›Sonderbewusstseins‹ einhergehen.[28] 1066 erobert Wilhelm, der Herzog der Normandie und als solcher Vasall des Königs von Frankreich, England. Seine Krönung zum englischen König am Weihnachtstag desselben Jahres lässt eine komplexe lehnsrechtliche Situation entstehen, die unter seinen Nachfolgern als englische Könige Wilhelm II. (1087–1100), Heinrich I. (1100–35), Stephan von Blois (1135–54) und Heinrich II. Plantagenet (1154–89) zu anhaltenden Spannungen mit dem französischen Königshaus Capet unter Philipp I. (1059–1108), Ludwig VI. (1108–37), Ludwig VII. (1137–80) und Philipp II. August (1180–1223) führt. Nehmen wir als Entstehungszeit der *Lais* die Herrschaftszeit Heinrichs II. an, dann fiele sie in die Periode der größten Machtentfaltung des englischen Königshauses, in die Konsolidierungsphase dessen, was die neuere Geschichtswissenschaft (nach dem Geschlecht, dem Heinrich II. entstammt) als ›angevinisches Reich‹ bezeichnet. Heinrich II. herrschte über das Fürstentum Normandie und die Grafschaften Anjou, Maine und mittelbar über das Vermandois, seine Heirat mit Eleonore von Aquitanien am 18. Mai 1152 fügte zu diesen die Touraine, Aquitanien und die Gascogne hinzu: praktisch die Westhälfte Frankreichs. Mit der Besteigung des englischen Throns 1154 und dem Gewinn der Lehnsherrschaft über die Bretagne 1155 entsteht ein Reich, das vom Solwey Firth bis zu den Pyrenäen und von der Somme (zumindest zeitweise) bis nach Wales und Ostirland reichte. Die Tatsache, dass Heinrich II. individuelle Ansprüche auf die meisten dieser Gebiete hatte, sie gleichsam in Personalunion direkt, nicht mittelbar als Lehnsherr regierte, verschaffte ihm eine Machtba-

28 Andreas Bomba: *Chansons de Geste und Französisches Nationalbewusstsein im Mittelalter*, Stuttgart 1987, S. 5; vgl. auch Colette Beaune: *Naissance de la nation France*, Paris 1985, und Thomas N. Bisson: *The Crisis of the Twelfth Century: Power, Lordship, and the Origins of European Government*, Princeton (NJ) 2010.

sis, gegenüber der die des französischen Königs, der direkt nur die kleine Krondomäne der Île de France beherrschte und ansonsten auf die Unterstützung seiner Vasallen angewiesen war, mehr als nur bescheiden wirkt.

Diese Situation nun gewinnt ihre Brisanz dadurch, dass der englische König für seine kontinentalen Besitzungen nominell Vasall des französischen Königs war. Ein komplexes politisches Gefüge ist die Folge, in dem das Haus Anjou die Sicherung und Arrondierung der eigenen Territorien und Herrschaftsansprüche gegenüber dem französischen Königshaus betreibt, dieses wiederum, durch Bündnispolitik und die geschickte Ausnutzung von Spannungen unter den Söhnen Heinrichs II., den übermächtigen Vasallen zu schwächen versucht. Die resultierende Dynamik, die in den Verheerungen des Hundertjährigen Krieges kulminiert, prägt die politische Geschichte Nordwesteuropas bis in die Frühe Neuzeit. Für die Literaturgeschichte des Hochmittelalters ist diese komplexe politische Situation u.a. deshalb relevant, weil sie im anglonormannischen Entstehungskontext der *Lais* im Umfeld des angevinischen Königshauses eine Situation intensiven kontinental-insularen Austausches und komplexer Mehrsprachigkeit bedingt. Das Lateinische bleibt die vorherrschende Sprache der Gelehrsamkeit, aber auch der Administration und der Diplomatie, ferner die Sprache der zu neuer Bedeutung kommenden antiken und mittellateinischen Literaturen. Die anglo-normannische Varietät des Altfranzösischen ist die Sprache der normannischen Elite, die im 11. und 12. Jahrhundert zu einer bedeutenden Literatursprache aufsteigt. Das Angelsächsische (Mittelenglische) ist die Sprache der eroberten Mehrheit, aus der »Marie« die *Fables* ins Altfranzösische übersetzt. Mit Eleonore von Aquitanien kommt das Okzitanische der *trobadors* als Kultursprache an den englischen Hof, lebendig sind dazu Regionalsprachen wie das Dänische im Nordosten Englands und zudem die kymrischen, kornischen und bretonischen Varietäten des Keltischen.[29] Diese letzteren sind entscheidend für die Gattungsgeschichte des *lai*, in die sich ›Maries‹ Sammlung einschreibt.

## III. Der *lai* als Erzählgattung

Die Etymologie des Wortes *lai* ist umstritten, wahrscheinlich ist ein keltischer, vielleicht spezifischer bretonischer Ursprung: »la transcription d'un vieux-breton ancien, apparenté à l'ancien irlandais *laid*, *laed* ›poème chanté‹«.[30] Der *lai* nimmt eine als historisch zumindest behauptete ›außergewöhnliche Begebenheit‹ (*aventure*) auf, die in der legendarischen oder volkstümlichen Überlieferung bereits als *conte* eine sprachliche Form gefunden hatte. Auf diese greifen zum einen zu instrumentaler Begleitung vorgetragene Lieder (*lais lyriques*), zum anderen kurze, von solcher Begleitung gelöste Verserzählungen (*lais narratifs*) zurück.[31] Die Frage, ob zur angenommenen Entste-

29 Robert M. Stein: »Multilingualism«, in: *Middle English*, hrsg. von Paul Strohm, Oxford 2007, S. 23–37. Vgl. dazu ausführlich Kimberlee Campbell: »Speaking the Other: Constructing Frenchness in Medieval England«, in: *French Global: A New Approach to Literary History*, hrsg. von Susan Suleiman und Christie McDonald, New York 2010, S. 179–192, und die Beiträge in Jocelyn Wogan-Browne [u. a.] (Hrsg.): *Language and Culture in Medieval Britain: The French of England c. 1100 – c. 1500*, York 2009.

30 Léon Fleuriot: »Les Lais bretons«, in: *Histoire littéraire et culturelle de la Bretagne*, hrsg. von Jean Balcou und Yves Le Gallo, 3 Bde., Paris/Genf 1987, Bd. I, S. 131–138, hier 131. Vgl. dazu auch Bloch, *The Anonymous Marie de France*, S. 29–32.

31 Die heute geläufige Unterscheidung führt ein Mortimer J. Donovan: *The Breton Lay: A Guide to Varieties*, Notre Dame (IN) / London 1969, S. 33.

hungszeit der *Lais* von einer Koexistenz beider Erscheinungsformen auszugehen ist, bleibt in der Forschung umstritten.

Das so zusammengefasste Verhältnis der Begriffe *aventure*, *conte* und *lai* ist an den *Lais* unmittelbar nachzuvollziehen.[32] *Aventure* steht auch hier zunächst für eine außergewöhnliche Begebenheit, dann, was zu Übersetzungsschwierigkeiten führen kann, sowohl für den größeren Ereigniszusammenhang, der auch die Vorgeschichte und die Folgen dieser Begebenheit umfasst, als auch für dessen narrative Vermittlung. In letzterer Verwendung konkurriert *aventure* mit *conte*, als der jener Ereigniszusammenhang in eine mündliche Erzähltradition eingeht – in die orale Überlieferung, aus der die Bretonen nach Auskunft Maries den Stoff ihrer *lais* geschöpft haben: »Cele aventure fut cuntee, / Ne pot estre lunges celee. / Un lai en firent li Bretun« (*Laüstic*, vv. 154 ff., vgl. auch *Guigemar*, 19 ff. und *Eliduc*, 1 f.). Einzelne der *Lais* geben einen fiktionalisierten Eindruck dieses Eingangs in die Überlieferung: In *Chaitivel* ist es die Dame selbst, die einen *lai* verfertigt, um ihre Liebe zu ›ihren‹ Rittern und den Gram ob ihres Verlusts zu bekunden (vv. 201–203). In *Chievrefoil* lesen wir, Tristan selbst habe einen *lai* verfertigt, um an die Worte Isoldes und beider Treffen zu erinnern, und sei dazu in der Lage gewesen, weil er ein guter Harfenspieler gewesen sei: »Pur les paroles remembrer, / Tristram, ki bien saveit harper, / En aveit fet un nuvel lai« (vv. 111 ff.). Diese Verse illustrieren zwei wichtige Aspekte: Der ältere, ›lyrische‹ *lai* wird instrumental begleitet. Wie in *Chie-*

32 Siehe Jean Frappier: »Remarques sur la structure du lai. Essai de définition et de classement«, in: *La Littérature narrative d'imagination. Des genres littéraires aux techniques d'expression; colloque de Strasbourg, 23–25 avril 1959*, Paris 1961, S. 23–39, Martín de Riquer: »La aventure, el lai y el conte en María de Francia«, in: *Filologia Romanza* 2 (1955), S. 1–19, und Bloch, *The Anonymous Marie de France*, S. 26–29.

*vrefoil* lesen wir in *Guigemar*, dass der ursprüngliche *lai* »fait en harpe e en rote« (vv. 883–886), zum Spiel von Harfe und Rote vorgetragen wurde. Entsprechende Belege aus der Entstehungszeit der *Lais* sind zahlreich – Waces *Roman de Brut* etwa berichtet von »Lais de vïeles, lais de rotes, / Lais de harpes, lais de frestels«.[33] Weiter lesen wir hier, dieser *lai* sei »pur remembrance« verfertigt worden, zur Erinnerung an die Begebenheit, die so vor dem Vergessen bewahrt worden sei. Diese Wendung kehrt in den *Lais* regelmäßig wieder: »Ne dutai pas, bien le saveie, / Que pur remembrance les firent / Des aventures qu'il oïrent / Cil ki primes les comencierent e ki avant les enveierent« (Prolog, vv. 34–38; vgl. *Equitan*, vv. 5 ff., *Bisclavret*, v. 318, *Yonec*, v. 559 f., *Eliduc*, vv. 1181–1184, *Equitan*, vv. 5–7 und *Laüstic*, 1 f. und 157–160). »Marie« nun eignet sich die in den gesungenen *lais* bewahrte *aventure* oder *cunte* neu an und überführt sie ins Französische und zudem in die neue oder zumindest jüngere Form des ›narrativen‹ *lai*. Die Bezeichnung suggeriert, dass Marie das narrative Substrat der gesungenen *lais*, den Stoff (*matiere*) aufgenommen und ausgearbeitet habe, und diesen Eindruck legen Zitate wie »L'aventure d'un autre lai / Cum ele avint, vus cunterai« (*Lanval*, vv. 1–2), »Les contes que jo sai verrais [...] vos conterai assez briefment« (*Guigemar*, vv. 19–21) oder »De un mut ancïen lai bretun / Le cunte e tute la reisun / Vus dirai, so cum jeo entent« (*Eliduc*, vv. 1–3) tatsächlich nahe. Zugleich zeigen andere Textsegmente, dass die entstehenden, narrativen Texte selbst als *lais* angesprochen werden, wie »Quant de lais faire m'entremet« (*Bisclavret*, v. 1) oder »Puis que des lais ai comencé« (*Yonec*, v. 1). Es ist diese Ambivalenz im Begriffsgebrauch, die in der Forschung zur Differenzierung von *lais lyriques* und *lais narratifs* geführt hat. Unter

33 Wace: *Roman de Brut*, hrsg. von Ivor D. O. Arnold, 2 Bde., Paris 1938–40, v. 10548 f.

Zeitgenossen scheinen die Werke »Maries« schlicht als *lais* bekannt geworden zu sein – dies bezeugt Denis Piramus, dessen *Vie seint Edmund le rei* Aufschluss nicht nur zur frühen Rezeption der *Lais*, sondern mittelbar auch zum Verständnis von ›Literarizität‹ gibt, das wir hinsichtlich dieser Texte anzusetzen haben.

## IV. Die *Lais* als Dichtung

Die heute als *Lais* angesprochenen Texte scheinen sich bei einem aristokratischen Publikum schon im ausgehenden 12., 13. und 14. Jahrhundert großer Beliebtheit erfreut zu haben.[34] Wie so oft ist es der (literate) Klerus, der, in kritischer Perspektivierung, Aufschluss über die Vorlieben und Gewohnheiten dieser Rezipientengruppe gibt. Denis Piramus, ein dem anglonormannischen Umfeld zuzurechnender Benediktiner, verfasst wohl in den 1180er Jahren eine Heiligenvita, die *Vie seint Edmund le rei*. Der Prolog dieses schon genannten Werkes gibt zunächst einen Eindruck von der kritischen Haltung des Klerus gegenüber der profanen Dichtung, insbesondere der Liebesdichtung. Denis blickt auf die »jurs jolifs de ma joefnesce« (v. 17) zurück, berichtet von einer jetzt als töricht erkannten Tätigkeit als Hofdichter und dem Verfassen weltlicher Dichtung (vv. 5–8). Die reuevolle Hinwendung zur Hagiographie, »Ke mult mieldre est e plus nutable« (v. 21), wird durch eine Diskussion der Gründe für den Erfolg jener weltlichen Dichtungen eingeleitet, die sich zweier Beispiele bedient: der *Lais* und des *Partonopeus de Blois*. Dem unbekannten Dichter des

34 Siehe exemplarisch die Einflussstudie von Sylvia Huot: »The afterlife of a twelfth-century poet: Marie de France in the later middle ages«, in: *Li premerains vers. Essays in Honor of Keith Busby*, hrsg. von Catherine M. Jones, Logan E. Whalen und Douglas Kelly, Amsterdam 2011, S. 191–204.

*Partonopeus* zunächst wird bescheinigt, dass er großes dichterisches Können, ja Meisterschaft unter Beweis gestellt habe (»Mult se pena[il] de bien dire, / Si dist bien de cele matire«, vv. 27 f.; »bon mestre«, v. 32), und gleiches gelte von der »Dame Marie autresi, / Ki en ryme fist e basti / E compensa les vers dé lays« (vv. 35 ff.). Denis Piramus bezeugt mithin die Existenz einer ›Marie‹, die mit der Gattung *lai* assoziiert wird und der großer Erfolg beschieden war. Er hebt insbesondere das Reimen und rechte ›Messen‹ des Verses, dazu das »bien dire« im Sinne der Rhetorik als *ars bene dicendi* hervor und lobt die Autorin so nach Maßgabe einer Vorstellung vom Dichten als lehr- und lernbarer Kunst, wie sie die Dichtungskonzeption des Mittelalters weithin prägt.[35] Diese zeigt sich auch im Text der *Lais* selbst: Auf »bone eloquence« (Prolog, v. 2) stellt die Erzählerin ab und erwähnt die Mühen, die das Verfassen der Verserzählungen bereitet, das »bien faire« (*Guigemar*, v. 2) einer »grevose ovre« (Prolog, v. 25): »Rimé en ai e fait ditié, / Soventes fiez en ai veillié!« (Prolog, 41 f.).

Die kritische Wendung Denis Piramus' nun hebt die behandelten Stoffe hervor, die »matire« (v. 28). Der Dichter des *Partonopeus de Blois* habe seine *matire* gut ›gehandhabt‹, diese *matire* selbst indes sei bloße Fiktion, und das heißt für den Kleriker: eine ethisch verwerfliche Lüge, eine *fabula*. »Cum de fablë e de menceonge / La matire resemble suonge, / Kar [i]ceo ne put unkes estre« (vv. 29–31). Dieser Gemeinplatz der kirchlichen Kritik an der weltlichen Dichtung, die auf die Kirchenväter zurückweist, steht nun hilflos vor dem großen Erfolg des *Partonopeus de Blois* und der *Lais* – denn auf eben jene von rigoristischer Seite kritisierte, fabulöse *matire* wird deren Erfolg zurückgeführt:

35 Vgl. dazu Hans H. Glunz: *Die Literarästhetik des europäischen Mittelalters*, Frankfurt a. M. ²1963, S. 215 ff.

E si en est ele mult loee,
E la ryme partut amee,
Kar mult l'ayment, si l'unt mult cher
Cunt[e], barun e chivaler;
E si en ayment mult l'escrit
E lire le funt, si unt delit,
E si les funt sovent retreire.
Les lays soleient as dames pleire,
De joye les oyent e de gré,
Qu'ils sunt sulum lur volenté. (vv. 39–48)

Die Akzentuierung des reinen Unterhaltungsaspekts (»delit«) verbindet sich mit der Disqualifizierung der *matire* als »suonge« (v. 30). Der Traum steht hier nicht für den direkten Verkehr mit dem Göttlichen, als der er seit Macrobius' Kommentar zu Ciceros *Somnium Scipionis* gelten durfte, und auch nicht für die geträumte Allegorie nach Art des späteren *Roman de la rose*, sondern für eitle Fiktion, für die Unwahrheit der profanen *matire*. Zugleich indes wird konstatiert, dass es jenes Vergnügen an erfundenen Geschichten (»fables«) sei, welches das zeitgenössische, höfische Publikum schätze:

Li rey, li prince e li courtur,
Cunt[e], barun e vavasur
Ayment cuntes, chanceuns e fables,
E bon diz qui sunt dilitables,
Kar hostent e gettent penser,
Doel, enuy e travail de quer,
E si funt ires ublïer
E del quer hostent le penser. (vv. 49–56)

Die Spezifikation des *delit* als Entlastung von den Beschwernissen des Lebens, die den Schmerz vergessen lasse und das

Herz von Kümmernis befreie, ist im historischen Zusammenhang und für anhängige Diskussionen um den Status der Fiktionalität im Hochmittelalter von herausragendem Interesse. Nehmen wir diesen Rezeptionsbeleg ernst, dann erscheinen die *Lais* als Texte, die primär aus Vergnügen an einer in ihrer Fiktivität transparenten, die Möglichkeit der Flucht aus einer unbefriedigenden Realität bietenden *matire* gelesen werden, was eine lehrhafte Tendenz nicht ausschließen muss, dieser indes nicht bedarf. Die *Lais* zeigten dann Charakteristika, die in der Literaturwissenschaft vorrangig anhand der arthurischen Epik und im Hinblick auf einen historisch neuen Status von Fiktion und Fiktionalität diskutiert worden sind, die sich in der volkssprachlichen Narrativik des 12. und 13. Jahrhunderts von den Gemeinplätzen kirchlicher Kritik emanzipiere.[36]

So ernst nun Denis Piramus' Bericht vom Erfolg der *Lais* und dessen Gründen zu nehmen ist, so sehr ist doch zu unterstreichen, dass der Text der *Lais* selbst eine solche Emanzipationsthese bestenfalls indirekt stützt. Denis Piramus stellt dem *Partonopeus de Blois* und den *Lais* eine Erzählung entgegen, die »delitable a oÿr« (v. 63), zudem aber wahr (»verray«, v. 70, »rien ne pout plus veir estre«, v. 71) und Träger eines tieferen

36 Siehe exemplarisch Per Nykrog: »The rise of literary fiction«, in: *Renaissance and Renewal in the Twelfth Century*, hrsg. von Robert L. Benson und Giles Constable, Toronto / Cambridge (MA) 1991, S. 593–612, und Walter Haug: »Die Entdeckung der personalen Liebe und der Beginn der fiktionalen Literatur«, in: *Aufbruch – Wandel – Erneuerung: Beiträge zur »Renaissance« des 12. Jahrhunderts. 9. Blaubeurer Symposion vom 9. bis 11. Oktober 1992*, hrsg. von Georg Wieland, Stuttgart / Bad Cannstatt 1995, S. 65–85. Zu den *Lais* im besonderen s. etwa die Diskussion bei Dietmar Rieger: »Marie de France, *Lais* (*Lanval*)«, in: *Französische Literatur: Mittelalter*, hrsg. von Ulrich Mölk, Tübingen 2008, S. 95–121, insbes. 100–103 und ff.

Sinnes (»de sen«, v. 70) im Sinne der christlichen Hermeneutik des Mittelalters sei. Genau diese Merkmale auch aus klerikaler Perspektive legitimer Dichtung beanspruchen auch die *Lais*. Die Versicherung zunächst, es werde wahrheitsgetreu berichtet, findet sich in den *Lais* durchgehend, teils in hervorgehobener Position in Prologen und Epilogen, teils im Text in Form von topischen Beteuerungsformeln. »Issi avient cum dit vus ai«, lesen wir in *Equitan*, v. 311 und ebenso in *Deus Amanz*, v. 243. »L'aventure ke avez oïe / Veraie fu, n'en dutez mie«, unterstreicht die Erzählerin im *Bisclavret* (vv. 315 f.), und »Dit vus en ai la verité / Del lai que j'ai ici cunté« (ebd., vv. 117 f.).[37] Lesen wir diese Bemerkungen so, dass sich der Wahrheitsanspruch tatsächlich auf den Inhalt der *lais*, nicht auf die getreue Wiedergabe einer vorgängigen, oralen, vielleicht gesungenen Liedtradition bezieht (und die zitierten Beispiele scheinen dies nahezulegen), dann wären die *Lais*, einer aus der Herennius-Rhetorik bezogenen, auch Denis Piramus' Argumente tragenden Unterscheidung gemäß,[38] nicht bloßes Lügengebilde oder *fabula*, nicht Bericht von Unwahrem, aber doch Möglichem oder *argumentum*, sondern (mit rhetorischem Ornat versehener) Tatsachenbericht, *historia*, der dem gelehrten Legitimitätsvorbehalt gegenüber der weltlichen Dichtung entginge. Diesem

37 Siehe weiter *Guigemar*, v. 26; *Equitan*, v. 6; *Le Fresne*, v. 516; *Bisclavret*, vv. 6–8; *Lanval*, v. 2; *Deus Amanz*, v. 1; *Eliduc*, vv. 1–4.

38 »[T]res habet partes: fabulam, historam, argumentum. Fabula est, quae neque veras neque veris similis continet res, ut eae sunt, quae tragoediis traditae sunt. Historia est gesta res, sed ab aetatis nostrae memoria remota. Argumentum est ficta res, quae tamen fieri potuit, velut argumenta comoediarum.« *Rhetorica ad Herennium*, lat./dt., hrsg. und übers. von Thomas Nüßlein, München 1994, I.8,13. Die historische Bedeutung und Implikate dieser Trias erläutert z. B. Hennig Brinkmann: *Mittelalterliche Hermeneutik*, Darmstadt 1980, S. 163–168.

Anspruch, der Fiktionalität gerade dementiert, korrespondiert eine dem Text der *Lais* immer wieder zugewiesene Funktion: an die berichtete *aventure* zu erinnern, sie vor dem Vergessen zu bewahren, und mit ihr die Autorin der *Lais*.[39] ›Dichtung‹ wären die *Lais* ihrem Selbstverständnis nach dann zunächst in formaler oder ›handwerklicher‹ Hinsicht – als Texte, die eine tatsächlich geschehene Begebenheit wahrheitsgetreu, aber in versifizierter und reimender, rhetorisch amplifizierter Form wiedergeben.

Die poetologischen Implikate der *Lais* nun erschöpfen sich in diesen expliziten Bekundungen nicht, bleiben aber, wo sie über diese hinausgehen, Gegenstand intensiver und oft kontroverser Forschungsdiskussion. Die in diesem Zusammenhang wichtigste Passage bietet der Prolog. Sie hebt mit einer Referenz auf die *Institutiones grammaticae* des spätantiken Grammatikers Priscian an:

> Custume fu as ancïens,
> Ceo testimoine Precïens,
> Es livres ke jadis feseient,
> Assez oscurement diseient
> Pur ceus ki a venir esteient
> E ki aprendre les deveient,
> K'i peüssent gloser la lettre
> E de lur sen le surplus mettre. (Prolog, vv. 9–16)

Die Werke der *anciëns* seien bewusst dunkel, des Kommentars bedürftig, damit Spätere sie aus eigenem Vermögen glossieren

39 Siehe dazu ausführlich Logan E. Whalen: *Marie de France and the Poetics of Memory*, Washington (DC) 2008; ergänzend auch Herman Braet: »Les lais ›bretons‹, enfants de la mémoire«, in: *Bibliographical Bulletin of the International Arthurian Society* 37 (1985), S. 283–291.

könnten. Die Passage lässt zunächst offen, ob dieses Glossieren die Enthüllung des in diesen ›dunklen‹ Werken ›eigentlich‹ enthaltenen Sinnes zum Ziel hat, ein ›Hinzufügen‹ meint, das sich auf Erklärung und Anreicherung mit weiterer, gegebenenfalls neuerer Information beschränkt, oder eine auslegende Aneignung beschreibt, etwa im Sinne einer christlichen Reinterpretation. Die folgenden Verse scheinen am ehesten die erstgenannte Möglichkeit nahezulegen:

Li philesophe le saveient,
Par eus meïsmes entendeient,
Cum plus trespassereit li tens,
Plus serreient sutil de sens
E plus se savreient garder
De ceo k'i ert a trespasser. (Prolog, vv. 17–22)

Das Fortschreiten der Verständigkeit in der Zeit sei von den *philesophe*, gemeint sind wohl: die Dichter der paganen Antike, dahingehend in Rechnung gestellt worden, dass es einer zunehmend subtilen Kommentierungspraxis gelingen würde, das in den Texten über den Wortsinn hinaus Enthaltene zutage zu bringen, ohne (in verzerrender, verfälschender Weise?) über es hinauszugehen. Die Forschungskontroverse nun entzündet sich an der Frage, was das in den Texten Enthaltene (»k'i ert«) und qua Implikation für die *Lais* in Anspruch Genommene denn sei. Leo Spitzer und Durant W. Robertson[40] verweisen auf die christliche Texthermeneutik, die auf die Erläuterung dreier Ebenen von Textstruktur abzielt: der *littera*,

40 Leo Spitzer: »The Prologue to the *Lais* of Marie de France and Medieval Poetics«, in: L. S.: *Romanische Literaturstudien 1936–1956*, Tübingen 1959, S. 8–14; Durant W. Robertson: »Marie de France, *Lais*, prologue, 13–16«, in: *Modern Language Notes* 64 (1949), S. 336–338.

der primärsemantischen und grammatischen Struktur des Textes, des *sensus litteralis*, seiner wörtlichen Bedeutung, und seiner *sententia*, der tieferen Bedeutung, die im Horizont der Auslegungspraxis nach dem ›vierfachen Schriftsinn‹ einen spezifisch christlich-doktrinären, analogischen, tropologischen oder moralischen und/oder eschatologischen Sinngehalt aufzeigte.[41] Marie erschiene so als *poeta theologus* nach der Art Dantes,[42] die auf die Auslegung ihrer *Lais* nach den exegetischen Praktiken abzielte, welche die Patristik auf das Alte Testament und, im Interesse ihrer christlichen Reinterpretation, auf heidnische Dichter wie Vergil anwandte. Mortimer J. Donovan verweist dagegen darauf, dass die referierte Bemerkung Priscians nicht mehr impliziere als die Akkumulation von Wissen in der Zeit, die für zukünftige Leser ein Mehr an Gelehrsamkeit und so ein subtileres Textverständnis erwarten lasse. Marie situierte sich dann selbstbewusst unter den *moderni*, nehme aber mitnichten eine spezifisch christliche Sinndimension für die *Lais* in Anspruch, sondern ›nur‹ einen Sinngehalt, der über den Wortsinn der Texte hinausgehe.[43] Tony Hunt weist entsprechend die Implikation einer religiösen

41 Siehe ausführlich Brinkmann, *Mittelalterliche Hermeneutik*, S. 154–259.

42 Vgl. Robert Hollander: »Dante theologus-poeta«, in: *Dante Studies* 94 (1976), S. 91–136.

43 Mortimer J. Donovan: »Priscian and the obscurity of the ancients«, in: *Speculum* 36 (1961), S. 75–80; Donovan, *The Breton Lay*, S. 13–29, mit dem weitgehend konsensfähigen Verweis auf *Grammatici latini II. Prisciani Grammatici Caesariensis institutionum grammaticarum libri XVIII*, hrsg. von Heinrich Keil, Leipzig 1855, Neudruck Hildesheim 2002, S. 1: »[G]rammatica ars, […] cuius auctores, quanto sunt iuniores, tanto perspicaciores, et ingeniis floruisse et diligentia valuisse omnium judicio confirmantur eruditissimorum.«

Sinndimension pauschal zurück.[44] Neuere Beiträge der Forschung argumentieren in der Regel im Sinne Donovans und Hunts, die Diskussion flammt indes in der Interpretation einzelner *lais*, etwa des *Yonec*, regelmäßig wieder auf.

Nimmt die in Harley 978 überlieferte Sammlung nun neben formaler Kunstfertigkeit einen ›tieferen Sinn‹ in Anspruch, lässt aber im Grundsatz offen, worin dieser besteht, dann ist es uns als Lesern als Aufgabe gestellt, diesen Anspruch als interpretative Hypothese an die Analyse und Deutung der *Lais* heranzutragen, die ihnen ›immanente Poetik‹[45] zu erschließen.

## V. Narrative Strukturbildung in den *Lais*

Es gehört zu den relativ stabilen Merkmalen hochmittelalterlicher Narrativik, dass Strukturbildung weniger auf die Ebene narrativer Vermittlung als auf die Komposition des Handlungsgefüges (*conjointure*) abhebt. Für die *Lais*, stark verdichtete, kurze Erzählungen, trifft dies in besonderer Weise zu.

Die Sujetbildung in den *Lais* geht von einfachen motivationalen Ausgangslagen aus, die in zumeist kurzen Expositionen greifbar werden. ›Charakter-Insuffizienz‹ zunächst, die sich als Abweichung der Figur von einer höfischen Norm darstellt, der sie doch ganz und gar verpflichtet bleibt, wird in den *Lais* dann für Handlungsgefüge strukturbildend, wenn externe Faktoren hinzutreten, die auf diese Insuffizienz Bezug nehmen – etwa Guigemars Verfluchung durch die weiße Hirschkuh, die in einem Komplementaritätsverhältnis zu seiner Liebesunwilligkeit steht. ›Emotionale Disponiertheit‹ kann eine Variante von

44 Tony Hunt: »Glossing Marie de France«, in: *Romanische Forschungen* 86 (1974), S. 396–418. Vgl. die weiteren Beiträge zur Diskussion um diesen Teil des Prologs in der Auswahlbibliographie.

45 Hans-Robert Jauß: »Littérature médiévale et théorie des genres«, in: *Poétique* 1 (1970), S. 79–101, hier 90.

Charakter-Insuffizienz sein. Sie erscheint in den *Lais* in der Regel als ›Verlangen nach Liebe‹, das durch die Exzellenz von Liebenden und Geliebten nach Begriffen der höfischen Wertepyramide begründet wird (und insofern nicht, wie in der älteren Forschung vertreten, auf dem Motiv der ›Schicksalhaftigkeit‹ der Liebe beruht). Trifft sie auf widrige Umstände (wie die *mal mariée – jaloux*-Konstellation), wirkt sie, ggfs. im Zusammenspiel mit Zufallsfaktoren, handlungsauslösend. In den *Lais* eine untergeordnete Rolle spielen Handlungssequenzen, die auf Aufforderung, Herausforderung oder Aggression durch typische Antagonisten basieren:

> Den drei Motivationsgruppen zufolge kann einem Menschen nur eine [...] *aventure* widerfahren, [...] die sich aus ganz konkreten existentiellen Gegebenheiten herleitet. [...] [D]ie *aventure* tritt also nicht willkürlich, unerklärlich auf, sondern betrifft eine konfliktträchtige [...] Existenz, eine, die markiert ist durch eine spezifische charakter-, gesellschafts- oder situationsbedingte Mangelerscheinung. [...] Kennzeichnend für alle drei Motivationsgruppen ist die Tatsache, daß interne und externe Faktoren zusammen die Motivation strukturieren, d.h. daß das Schicksal dem Einzelnen nicht unerklärlich, unwillkürlich zukommt und damit für die Handlung funktional wird [...], sondern individuelles Sein und außengesteuerte Auferlegung zusammenkommen [...].[46]

Die Dynamisierung dieser motivationalen Ausgangslagen geschieht in den *Lais* in der Regel durch einen in Figurenrede, seltener in Erzählerrede vorgetragenen Anspruch, etwa ehe- und familienrechtlicher (wie in *Guigemar*, *Yonec* oder *Laüstic*),

46 Renate Kroll: *Der narrative Lai als eigenständige Gattung in der Literatur des Mittelalters*, Tübingen 1984, S. 43 f.

feudalrechtlicher (wie in *Equitan*, *Fresne* oder *Eliduc*) oder moralisch-ethischer (wie in *Lanval* und ggfs. in *Bisclavret*) Art. Die entstehenden Handlungsstrukturen tendieren zu der auch aus dem höfischen Roman geläufigen Doppelzügigkeit von Komplikation / provisorischer Lösung / Krise / endgültiger Lösung. Sie bleiben in der Regel einsträngig und werden nur in sehr begrenztem Ausmaß durch kleinere, neben- oder untergeordnete Episoden unterbrochen, differenziert oder erweitert. Tragende Motivationsbögen können offen bleiben: *Chievrefoil* etwa belässt im Ungewissen, ob das unzertrennliche Liebespaar nicht vielleicht doch getrennt bleiben muss; in *Chaitivel* wird die Katastrophe nicht mit der erlösenden Heirat des vierten Ritters bewältigt. Beide Beispiele sind insofern typisch, als die Schlussbildung in den *Lais* sich stereotypen Inszenierungen wiederhergestellter äußerer Ordnung der *joie de la curt*-Art weitgehend enthält: Es kommt zu katastrophalem Scheitern ebenso wie zur Durchsetzung und (ggfs. prekären) Institutionalisierung des handlungsführenden Anspruchs oder Begehrens.

Der Raum, das Figureninventar und die Situations- und Handlungsmotivik, in denen diese Handlungsstrukturen manifest werden, sind hochgradig konventionalisiert. Es ist für das Verständnis der *Lais* ganz wesentlich, dieser Konventionalität nicht mit dem Blick des modernen Lesers zu begegnen: Die Variation über konventionalisierte Themen und Motive wird im mittelalterlichen Kontext, wie Peter Haidu in einer einschlägigen Studie herausgestellt hat, nicht nur »tolerated«, sondern »positively valued«. Konventionalisierung erscheint als »formal embodiment of the shared consciousness between writers and audience«,[47] als Bedingung und Effekt

47 Peter Haidu: »Repetition: Modern reflections on medieval aesthetics«, in: *Modern Language Notes* 9 (1977), S. 875–887, hier 880.

einer prägnanten soziokulturellen Einbettung dieser Dichtungen.

Der in den *Lais* gestaltete Handlungsraum ist der Kulturraum keltischer Überlieferung: die armorikanische Halbinsel und die Normandie auf dem Kontinent, das südliche England und Wales auf den Britischen Inseln. Die Figuren der *Lais* sind sozial typisiert, sie entstammen durchgehend der schwerttragenden aristokratischen Oberschicht einer feudalen Welt, die sich in einer unbestimmten, legendarischen Vergangenheit ansiedelt, ihrer konkreten Erscheinung nach aber der Wirklichkeit des 12. Jahrhunderts nahekommt. Die männlichen Figuren der *Lais* sind Ritter, Feindifferenzierungen innerhalb des Standes werden präzise berücksichtigt. *Le Fresne* etwa führt zunächst »dui chevaler« ein, die »riche humme« sind (vv. 5f.). Einer der beiden wird der Vater von Le Fresne und ihrer Zwillingsschwester La Codre werden. Ebenfalls als »chevalier« wird später im Text Gurun eingeführt (vv. 307, 321, 397), der Le Fresne zu seiner Konkubine machen wird. Er ist der Fürst von Dol, einer seiner Vasallen ist Dols Erzbischof. Wir werden einer Abstufung gewahr, wenn wir erfahren, dass Guruns »chevaler fiufé« (v. 314), Ritter, die Lehen von seinen Gnaden halten, ihn zur Heirat drängen. Diese belehnten Ritter können, stehen sie als Gruppe zusammen, gegenüber ihrem Herrn opponieren: Sie drohen, ihm ihre Loyalität zu entziehen, wenn er ihren Rat nicht befolgt (vv. 325–327), und Gurun gibt ihrem Ansinnen nach. Eine dritte Gruppe erscheint als »chevaler de la meisun« (v. 353), Ritter ohne eigenen Besitz, die neben Knappen und Dienern (»Li vadlet e li garçun«, v. 356) dem Hausstand sozial und materiell Höhergestellter angehören. Die Protagonisten der *Lais* gehören den hohen und höchsten Schichten innerhalb dieses Standes an. Sie sind selbst Könige, Fürsten oder deren Söhne, Barone oder zumindest Ritter regionaler oder überregionaler Bekanntheit. Ihre Charakterisierung bleibt, wo nicht ein Mensch-Tier-Dimorphismus ein wesentliches Element der Handlung ist,[48] topisch und in der Regel knapp: sie sind schön, tapfer, höfisch, großzügig. Die vier Ritter, zu denen sich die Dame in *Chaitivel* hingezogen fühlt, sind »de grant beauté«, dazu »chevaliers pruz e vaillanz, / Larges, curteis e despendanz« (vv. 36 ff.). Eliduc ist »un chevalier / Pruz e curteis, hardi e fier« (vv. 6 f.), Milun ein »bons chevaliers / Francs e hardiz, curteis e fiers« (vv. 13 f.). Die unmittelbaren Antriebe ihres Handelns sind der Erwerb von Reputation (»pris quere«, »grant pris«, *Guigemar*, v. 728, *Equitan*, v. 13, *Chaitivel*, v. 39) und rechtes Handeln im Kampf wie bei Hofe – mal um der reinen Anerkennung willen (*Guigemar*, v. 51), mal um so eine Dame zu gewinnen (*Chaitivel*, v. 65), mal um väterlichen Normen zu entsprechen (*Milun*, vv. 308–312 und 338). Die männlichen Figuren und insbesondere die Protagonisten instantiieren insofern einen sozialen Typus als *exemplarische* Vertreter ihrer Kaste, Klasse und Schicht. Ihre Individuation beschränkt sich in der Regel auf jene eingangs genannten ›Charakter-Insuffizienzen‹, welche die Entfaltung des motivationalen Zusammenhangs des Handlungsgefüges in Gang bringen.

Komplementär werden die weiblichen Figuren eingeführt. Wie die *chevaliers* sind die Damen, die im Handlungsgefüge der *Lais* wichtig werden, Angehörige der Aristokratie. Die Ehefrau des Fürsten der »antive cité« in *Guigemar* ist »franche, curteise, bele e sage« (v. 212), die Dame in *Yonec* »sage, curteise e forment bele« (v. 22). Die Dame in *Laüstic* ist »sage, curteise e acemee« (v. 14), und sie ist stolz auf ihre Erscheinung und ihre Haltung: »A merveille se teneit chiere / Sulunc l'usage e la manere.« (vv. 15 f.) *Franchise*, edle Herkunft und edle Gesinnung,

48 Siehe zu dessen Implikaten und entsprechenden Forschungsperspektiven Sharon Kinoshita / Peggy McCracken: *Marie de France. A Critical Companion*, Cambridge 2012, S. 144 ff.

teilen Le Fresne und die Dame in *Guigemar*, und bei beiden verbindet sich schöne Erscheinung mit Beredsamkeit: Der liebeskranke Guigemar verlebt eine schlaflose Nacht, sich unausgesetzt »les paroles e le semblant« der Geliebten erinnernd (v. 414). Die Dame in *Lanval* ist wohlhabend und mächtig, rivalisiert in diesen Hinsichten mit Artus. Isolde in *Chievrefoil* ist die Frau König Marks von Cornwall, und auch das junge Mädchen in *Deus Amanz* ist eine Königstochter. Andere Damen sind »de grant parage«, »de haut parage« oder »de haute gent« (*Guigemar*, vv. 211, 710; *Le Fresne*, v. 210; *Yonec*, v. 21; *Eliduc*, v. 10).

Wie der Tugendkatalog der *chevaliers* und *dames* sind auch ihre Aktivitäten weitgehend stereotyp: Jagen, Turnier und Kriegführung. In den *Lais* sind diese, obwohl historisch-mimetisch plausibel und insofern ebenfalls Indizien soziokultureller Einbettung,[49] vor allem Instrumente der Handlungsführung. Guigemar packt die Lust zu jagen, weil dieser Zeitvertreib ihm besonders zusagt (»Kar cel deduit forment li plest«, v. 80). Der Beginn der Jagd wird realistisch beschrieben: Guigemar versammelt am Vorabend seine Ritter, Jäger und Treiber, am frühen Morgen brechen sie in die Wälder auf. Eine Hirschkuh wird ausgemacht, die Hunde werden losgelassen, die Jäger laufen voraus, Guigemar hält sich zurück. Er führt einen Diener mit sich, der seinen Bogen, seinen Köcher und ein Jagdmesser trägt. Strukturell wesentlich wird die Jagd indes vor allem deshalb, weil sie die Begegnung mit der weißen Hirsch-

49 Siehe dazu Judith Rice Rothschild: »Literary and socio-cultural aspects of the *Lais* of Marie de France«, in: *A Companion to Marie de France*, hrsg. von Logan E. Whalen, Leiden / Boston (MA) 2008, S. 89–116; Glyn Burgess: »Chivalry and prowess in the *Lais* of Marie de France«, in: *French Studies* 37 (1983), S. 129–142; Jean Flori: »Aristocratie et valeurs ›chevaleresques‹ dans la seconde moitié du XII[e] siècle. L'exemple des *Lais* de Marie de France«, in: *Le Moyen Âge* 96 (1990), S. 35–65.

kuh plausibel und wahrscheinlich macht, die, Bezug nehmend auf seine Liebesunwilligkeit, die Handlung in Gang bringt. In *Lanval* versucht die Königin den Helden zu verführen, während Artus auf der Jagd ist (vv. 311 f.), und auch in *Yonec* trifft die Dame ihren Geliebten, während ihr Ehemann zur Jagd ausgeritten ist (vv. 53 f.). Später kündigt ihr Ehemann, der darauf hofft, dass der Geliebte in die gestellte Falle gehen wird, einen neuerlichen Jagdausflug an (vv. 298 f.). In *Bisclavret* erlaubt es eine Jagd, den als Werwolf in die Wälder Verdammten in die höfische Gesellschaft zurückzuführen: Die Jagd erlaubt die Ausgestaltung von Szenen des Aufbruchs, der geplanten Abwesenheit, der zeitigen oder unzeitigen Rückkehr, und sie ermöglicht die Verknüpfung konstitutiv disparater Handlungsräume. Das gleiche gilt für Turnierszenen, die weiter die Konfrontation von Figuren erlauben, wie im *Chaitivel*, und zum Anlass impliziter Charakterisierung werden – etwa, wo das Turnier Gelegenheit bietet, Freigebigkeit zu zeigen: »Mut turnët e despendeit / E bien donot ceo qu'il aveit« (*Laüstic*, vv. 21 f.). In *Guigemar* veranstaltet Meriaduc ein Turnier, um Guigemar anzulocken, weil dieser den Gürtel seiner Dame lösen kann. Als diese sich als Guigemars Geliebte herausstellt und Meriaduc sich weigert, sie aufzugeben, werden die Teilnehmer des Turniers in eine kriegerische Auseinandersetzung hineingezogen. Solche spielen in den *Lais* nur eine untergeordnete Rolle. In *Guigemar* lesen wir, dass in der Bretagne oft, in Flandern unausgesetzt Krieg geführt würde (vv. 28, 52); Eliduc sucht nach einer kriegerischen Auseinandersetzung, um sich in England zu etablieren: »Quant iloc ad guere trovee; / Remaner volt en la cuntree« (vv. 105 f.). Kriegführung erlaubt dem Ritter den Erwerb von Reputation (*pris*), die im Rahmen von Militärdienst (*soudees*) erst erworben, dann verteidigt werden muss (*Guigemar*, v. 52; *Eliduc*, v. 90). In der längsten der Kriegführung gewidmeten Passage der *Lais* wird erzählt, wie Eliducs Können auf dem Schlachtfeld sich in den Kanon der Charakterzüge des idealen Ritters einfügt: Eliduc zeigt Rücksicht für andere, die Fähigkeit, andere Ritter zu führen, auszubilden und effektiv einzusetzen (vv. 159–164, 205–208, 259–264). Der Umschlag eines Turniers in eine kriegerische Auseinandersetzung am Ende von *Guigemar* erlaubt es, den Handlungsbogen schnell zu schließen: Meriaducs Burg wird zunächst erfolglos bestürmt, dann belagert und ausgehungert. Er fällt (vv. 873–880), die Vereinigung der Liebenden wird möglich.

Der Zusammenhang der *Lais* schließlich ergibt sich aus dem Liebesthema, das alle *lais* variieren.[50] Die Sammlung in Harley 978 setzt ein mit *Guigemar*, der, »en la flur de son meillur pris« (v. 69), in die Heimat zurückkehrt. Die Natur hat an ihm gefehlt: Es begehrt ihn nicht nach Liebe (vv. 57 f.). Der *lai* erzählt, wie dieser Mangelzustand beseitigt und in der »grant joie« (v. 881) wahrer, in die Ehe einmündender Liebe aufgelöst wird. Die Sammlung schließt mit *Eliduc*, der, nach einigen Mühen, mit Guilliadun zumindest für begrenzte Zeit die vollkommene Liebe (»parfit amur«, v. 1150) erfährt. Bis dahin führen die *Lais* durch eine Reihe von Liebeskonstellationen. Manche enden für wahre oder trügerisch Liebende im Desaster (*Deus Amanz*, *Bisclavret*, *Equitan*, *Chaitivel*), manche führen zu kurzem Glück, das doch von Sorge überschattet oder letztlich unerfüllt bleibt

50 Siehe den Überblick mit weiterer Forschungsliteratur in Roberta L. Krueger: »The wound, the knot and the book: Literary traditions of love in the *Lais*«, in: *A Companion to Marie de France*, hrsg. von Logan E. Whalen, Leiden / Boston (MA) 2008, S. 55–88, und, zu den im folgenden genannten, konkurrierenden Liebeskonzepten, ausführlich Rüdiger Schnell: *Causa amoris. Liebeskonzeption und Liebesdarstellung in der mittelalterlichen Literatur*, Bern/München 1985, Moshé Lazar: *Amour courtois et fin'amors dans la littérature du XII^e^ siècle*, Paris 1964, und Jennifer G. Wollock: *Rethinking Chivalry and Courtly Love*, Santa Barbara (CA) / Denver (CO) / Oxford 2011.

(*Laüstic*, *Yonec*, *Chevrefoil*), und manche enden tatsächlich in einem Zustand der Erfüllung (*Le Fresne*, *Milun*, *Lanval*). Die Erzählungen fügen sich nicht zu einer rechten Liebeskasuistik, und selten auch bieten die *Lais* erzähllogisch prominente, generalisierende Aussagen, die es erlaubten, ein konsistentes ›Liebeskonzept‹ auszumachen. Die Liebesmotivik der *Lais* scheint eklektisch: Sie zeugt von der Vertrautheit mit dem im 12. Jahrhundert ungemein populären Ovid, mit der *Ars amatoria*, den *Amores*, den *Remedia amoris*, auch den *Metamorphoses*. Die zeitgenössischen Übersetzungen und Bearbeitungen antiker Stoffe haben einen Einfluss, ebenso der Tristan-Stoff und die Inszenierung des Liebesleids in der Dichtung der *trobadors*. Und auch Elemente einer ›höfischen‹ Liebeskonzeption lassen sich ausmachen, auch wenn der geläufige Verweis auf dieses Konzept die Relationierung und ggfs. Homogenisierung der genannten Einflüsse in den *Lais* eher verschleiert als erklärt.

Rückschauend ist es nicht leicht, den ungeheuren Einfluss des Begriffs *amour courtois* oder ›höfische Liebe‹ nachzuvollziehen, den Gaston Paris 1883 (zunächst als Übersetzung des altokzitanischen *fin'amors*) in einer Arbeit zu Chrétiens *Lancelot* geprägt hat.[51] Bis heute dient der Begriff der Zusammenfassung literarischer Inszenierungen von Liebesverhältnissen, die sich in den historischen Quellen selbst deutlich disparater darstellen, als es der handliche Begriff suggeriert.[52] Seit Georges Duby ist es geläufig, das Konzept ausgehend von sozialhistorischen Hintergründen darzustellen: Im 12. Jahrhundert ist Heirat für die Aristokratie vorrangig eine wirtschaftliche und politische, zudem theologisch zunehmend stark regulierte Institu-

51 Gaston Paris: »Lancelot ou le chevalier de la charrette«, in: *Romania* 12 (1883), S. 459–534.

52 Vgl. hierzu auch die neuere geschichtswissenschaftliche Diskussion, die Jennifer G. Wollock: *Rethinking Chivalry and Courtly Love*, Santa Barbara (CA) [u. a.] 2011 resümiert.

tion. In der Konsequenz mag sich Liebe nicht notwendig, aber vielleicht doch häufiger außerhalb des ehelichen Verkehrs einstellen und ausleben.[53] Als *fin'amors* oder *amour courtois* gilt die literarische Inszenierung eines solchen Liebesverhältnisses zwischen einem jungen, ungebundenen Ritter, der eine in der Regel verheiratete und in der feudalen Hierarchie höherstehende Dame umwirbt, oft die Ehefrau seines Herrn. Das nach den Prinzipien und Begriffen feudaler Vasallität strukturierte Verhältnis basiert auf dem Austausch von Dienst für Entlohnung: Verehrung und Liebesschwur, der Beweis von Tapferkeit im Kampf, höfische Gesinnung, unbedingte Treue und Leidensbereitschaft in der Werbungsphase gegen Gunstbeweis und, möglicherweise, körperliche Hingabe. Es bleibt, insofern es auf einer extramaritalen Beziehung basiert, provisorisch und steht außerhalb der christlichen Sittenlehre. Provokant an diesem Liebesmodell, dessen spielerisch-literarische Inszenierung in komplexen Verhältnissen der Konkurrenz und wechselseitigen Beeinflussung zu christlich-neuplatonischen Liebeskonzepten steht, ist nun, dass es eine Vorstellung positiver praktisch-ethischer Valenz zumindest für den Liebenden impliziert. Der Gewinn der Dame wird geknüpft an die exemplarische Verwirklichung und Bezeugung genuin höfischer und feudaler Werte, impliziert also einen Prozess weltlich-ethischer Bildung und Besserung des Liebenden. Die ›höfische‹ Liebe erscheint so, mit einer bekannten Formulierung George Dubys, als »un jeu […] [é]ducatif, […] l'exact pendant du tournoi«,[54] der auf die Verinnerlichung gerade feudaler Werte, auf die Domestifikation der jungen Adeligen und mittelbar auf

53 Georges Duby: *Le Chevalier, la femme et le prêtre: le mariage dans la France féodale*, Paris 1981.

54 Georges Duby: »À propos de l'amour que l'on dit courtois«, in: G. D.: *Mâle Moyen Âge. De l'amour et autres essais*, Paris 1988, S. 74–82, hier 75.

eine ›Zivilisierung‹ der feudalen Gesellschaft abzielt oder diese doch bewirkt.[55]

Die *Lais* bezeugen eine Reihe von Elementen, die im Zusammenhang eines solchen Liebeskonzepts zu sehen sein mögen, gehen in diesem aber mitnichten auf.[56] Zu Beginn einiger *lais* sind die weiblichen Heldinnen Männern verheiratet, die sie nicht lieben (*Guigemar, Yonec, Laüstic, Chevrefoil*), und die Handlung dieser Erzählungen entspinnt sich um ihr Verhältnis zu anderen Männern, die ihre Geliebten sind oder werden. In keinem dieser *lais* kommt es zu einer glücklichen Verbindung mit dem Geliebten; allenfalls in *Guigemar* mag eine solche am Ende impliziert sein, obwohl der Ehemann noch am Leben ist. In anderen *lais* ist die Dame zu Beginn glücklich verheiratet (*Equitan, Bisclavret* und Guildelüec in *Eliduc*), die Ehe indes scheitert aufgrund von Handlungen oder Entscheidungen dieser Dame. In *Equitan* geht sie in einem Kessel mit kochendem Wasser elend zugrunde, die Frau Bisclavrets wird gezeichnet und vertrieben. Das Schicksal Guildelüecs ist positiver, aber auch komplexer. Sie verliert ihren Ehemann, weil sie entscheidet, ihn aufzugeben: Sie zieht sich in ein Kloster zurück und gibt dem Ehemann die Freiheit, seine Geliebte zu heiraten. Le Fresne, Guilliadun und die Dame in *Milun* sind zu Beginn unverheiratet, erlangen aber im Verlauf der Erzählung den Ehemann, den sie sich wünschen. In *Chaitivel* hofft die Dame, un-

55 Ebd., S. 77–81.

56 Siehe exemplarisch die Diskussion des *Eliduc* in Bartina H. Wind: »L'idéologie courtoise dans les lais de Marie de France«, in: *Mélanges de linguistique romane et de philologie médiévale offerts à Maurice Delbouille*, Gembloux 1964, Bd. II, S. 741–748, oder des *Equitan* und des *Fresne* in June Hall McCash: »*Amor* in Marie de France's *Equitan* and *Fresne*: The failure of the courtly ideal«, in: *The Court and Cultural Diversity*, hrsg. von Evelyn Mullally und John Tompson, Cambridge 1997, S. 179–188.

ter ihren vier Geliebten den tapfersten wählen zu können, nur um mitansehen zu müssen, wie drei sterben und der vierte in einem desaströsen Turniermanöver entmannt wird. Das Mädchen in *Deus Amanz* und die Damen in *Yonec* und *Equitan* sterben am Ende der Erzählung. Man mag argumentieren, dass das entstehende Bild die arrangierten Ehen der feudalen Welt als Problem zeigt, wo sie zum Unglück der Frau führen, die *Lais* also eine Welt sozial subversiver Romanzen zeigen, in der Harmonie in der Ehe möglich ist, wenn die Umstände diese nur zulassen.[57] Ähnlich wie Chrétiens *Erec et Enide* und *Yvain* schienen die *Lais* dann die Bedingungen eines glückenden und in einer gelingenden Ehe institutionalisierten Liebesverhältnisses auszuloten, das die Werte der Ritterlichkeit zu integrieren vermag. Doch zeichnet sich in den *Lais* ein solches glückendes Liebesverhältnis kaum als wahrscheinliche Option ab.[58] Die Befunde, zu denen die Bearbeitungen des Liebesthemas in den *Lais* führen, sind am ehesten negative: Die Sammlung postuliert Liebesverlangen und Liebesvermögen als dem Menschen qua Natur zu eigen (insbes. in *Guigemar*, vv. 57 f., 485 f.), bleibt in der Durchführung der Handlungsstrukturen aber vor allem kritische Absetzung von etablierten Liebeskonzepten: von der exklusiven Assoziation der Liebe mit dem kirchlichen Sakrament der Ehe, von der Ehe als aristokratisch-sozialer Institution und auch von schematischen Konzepten ›höfischer Liebe‹, insofern die *Lais* dort, wo einem Handlungsgefüge ein positiver Ausgang beschert wird, eine andauernde,

57 Siehe etwa Jean Flori: »Littérature et société au XII^e siècle. Mariage, amour et courtoisie dans les lais de Marie de France«, in: *Bien Dire et Bien Aprandre* 8 (1990), S. 71–98; Jean Flori: »Amour et société aristocratique au XII^e siècle. L'exemple des lais de Marie de France«, in: *Le Moyen Âge* 98 (1992), S. 17–34.

58 Siehe dazu ausführlich Kinoshita/McCracken, *A Critical Companion to Marie de France*, S. 51–91.

von gegenseitiger Liebe getragene und sozial akzeptierte Verbindung inszenieren. Entsprechend hat man die in den *Lais* vorliegende Bearbeitung des Liebesthemas als dialogische Relationierung disparater Einflüsse diskutiert, sogar als »a critical summa of discourses about love in 12th-century France«[59] gesehen. Der Grund dafür, dass die letztgenannten Fälle erfüllter Liebesbeziehungen nicht als Exempla eines positiv-expliziten Liebeskonzepts erscheinen wollen, die *Lais* sich mithin einer vereindeutigenden Lektüre hinsichtlich anzusetzender Liebeskonzeptionen und ihrer Gewichtung und Perspektivierung entziehen, ist einem letzten Motivkomplex geschuldet, der hier Erwähnung finden soll: der Intervention des Wunderbaren.[60]

In Abgrenzung zum Werwolf Bisclavret oder zur roten Blume in *Eliduc*, die dem Folkloristischen zuzurechnen sind,[61] und in Abgrenzung auch zu Märchenmotiven wie magischen Ringen, Kopfkissen oder Tränken trägt das Wunderbare in den *Lais* die Züge der keltischen Überlieferung:[62] die weiße Hirschkuh und der Nachen ohne Steuermann in *Guigemar*, die Fee in *Lanval*, ihr Pavillon und die Reise des Helden nach Avalon, der Gestaltwandler Muldumarec in *Yonec* führen es in den ansonsten weitgehend bruchlosen ›höfischen Realismus‹ der *Lais* ein. Die

59 Krueger, »The wound, the knot and the book«, S. 87; vgl. auch Albrecht Classen: *Der Liebes- und Ehediskurs vom hohen Mittelalter bis zum frühen 17. Jahrhundert*, Münster [u. a.] 2005, S. 32–72.

60 Philippe Ménard: *Les Lais de Marie de France: contes d'amour et d'aventure du moyen âge*, Paris 1979, insbes. S. 151–189.

61 Siehe Mary H. Ferguson: »Folklore in the *Lais* of Marie de France«, in: *Romanic Review* 57 (1966), S. 3–24.

62 R. N. Illingworth: »Celtic tradition and the lai of Guigemar«, in: *Medium Aevum* 31 (1962), S. 176–187; Rachel Bromwich: »Celtic dynastic themes and the breton lays«, in: *Études celtiques* 9 (1961), S. 439–474.

überraschende Homogenität der erzählten Welt, die aus dieser Zusammenführung entsteht, hat Leser der *Lais* über die Jahrhunderte fasziniert und überlagert als ›keltisierendes Decorum‹ den sachlich deutlich substantielleren Eintrag klassisch-antiker Motive.[63] Genau betrachtet bleibt das Wunderbare auf wenige *lais* beschränkt und dort ebenso sparsam eingesetzt wie eng eingebunden in Konfliktentwicklung, Handlungsführung und Schlussbildung.[64] Paradigmatisch ist hier Lanval, dessen Liebesbeziehung zu seiner Fee nicht eigentlich sanktioniert, sondern nur um den Preis der Fahrt des Helden nach Avalon und mithin der Enthebung aus seinem sozialen Kontext zur realisierten Möglichkeit wird. Gerade das Wunderbare trägt so zu der gedämpften Grundstimmung bei, die sich einstellt, wenn wir nicht einzelne Texte vornehmen, sondern die *Lais* als Sammlung lesen. Es ist die partielle Suspendierung einer im Hinblick auf die Möglichkeit des Gelingens einvernehmlicher Liebesbeziehungen oppressiven sozialen Ordnung, die dem Wunderbaren als Funktion zugeordnet zu sein scheint, und so letztlich die Inszenierung der Macht dieser Ordnung. Das Wunderbare dient, so hält Sebastian Neumeister fest,

63 Siehe die zusammenfassenden Bemerkungen in Emanuel J. Mickel: »Marie de France, quel fond culturel?«, in: *Travaux de littérature* 22 (2009), S. 19–28, und ders.: »Marie de France and the learned tradition«, in: *A Companion to Marie de France*, hrsg. von Logan E. Whalen, Leiden 2011, S. 31–54.

64 Roger Dubuis: *Les Cent Nouvelles Nouvelles et la tradition de la nouvelle en France au Moyen Âge*, Grenoble 1973, S. 368 f.: »l'exploitation du merveilleux n'est pas le but essentiel de l'auteur. […] [L]a place qu'il occupe, quelque brillante et importante qu'elle soit, n'est que la seconde. S'il peut donner, parfois, l'impression qu'il est lui-même le but que vise l'auteur, il faut bien reconnaître qu'il est avant tout un moyen et que, comme tel, il est mis le plus souvent au service da la structure du lai.«

nicht einer Relativierung dieser Ordnung, sondern ganz im Gegenteil ihrer Bekräftigung und Bestätigung. Was in der modernen Gesellschaft ein Faktor der Unruhe und Unsicherheit wäre, der Einbruch des Heteronomen in die Ordnung, wird unter dem mittelalterlichen Postulat einer durchgehend sinnhaften Welt ihr Garant: Nicht das Wunder ist [...] Thema der ›lais feriques‹, sondern die höfische Norm.[65]

Die Ebene narrativer Vermittlung der Handlungsverläufe, die in der bis hierhin rekapitulierten Motivik manifest werden, ist in den *Lais* (und anders als in den *Fables*) wenig profiliert. Während die kurzen Prologe und Epiloge konzise Rahmungen mit oft komplexen poetologischen Implikaten bieten, tritt die Erzählstimme im Textverlauf in den Hintergrund. Ausnahmen bilden die schon angesprochenen Beteuerungsformeln, in denen die Authentizität des berichteten Ereignisses und die Wahrhaftigkeit seiner Wiedergabe unterstrichen werden. Leseranreden kommen vor, bleiben aber insgesamt selten. Zuweilen fallen mal einen Handlungsabschnitt resümierende, mal aphoristische, zu thematischer Kohärenzbildung einladende Bemerkungen auf, wie im *Equitan*, vv. 307–310: »Ki bien vodreit reisun entendre / Ici purreit ensample prendre: / Tel purcace le mal d'autrui / Dunt le mals tut revert sur lui«, oder in *Guigemar*, v. 216: »Mult het chascuns ke il seit cous«. Greifbar wird die narrative Vermittlung ansonsten vor allem in Darstellungsaspekten. Die Ereignisse der Handlungsebene werden in der Regel einsträngig und in chronologischer Reihenfol-

65 Sebastian Neumeister: »Das Märchenhafte in *Bisclavret* und *Lanval*, Symptom einer geschlossenen Welt«, in: *Mélanges de philologie romane offerts à Charles Camproux*, 2 Bde., Montpellier 1978, Bd. I, S. 429–438, hier 436.

ge in unterschiedlichen, Szenen kontrastiv gewichtenden Graden von Zeitraffung, dazu in knapp skizzierten Handlungsräumen erzählt. Von Beginn der Forschungsgeschichte an ist die stilistische Konzision und Prägnanz der *Lais* ein Gemeinplatz: Erst vor ihrem Hintergrund erzielt der subtile Wechsel zwischen äußerster deskriptiver Zurückhaltung und vergleichsweise ausführlichen, ekphrastischen Passagen seine Wirkung.[66] Rhetorisches Ornat wird so sparsam eingesetzt, dass die anaphorische Wiederholung des Namens »Lanval« zu Beginn von vier aufeinander folgenden Versen im gleichnamigen *lai* (vv. 209–212) den Leser frappiert zurücklässt. Die Hyperbolik, die im höfischen Roman eine für den modernen Rezipienten so irritierende Allgegenwart gewinnt, bleibt zurückhaltend, und nicht minder die Verwendung metaphorischer Wendungen und Vergleiche. Mit dem Märchen teilen die *Lais* die Eigenart, dass Figuren, teils als intradiegetische Erzählinstanzen, kurze Zusammenfassungen von Plotsegmenten geben, wie Guigemar, der zunächst der geliebten Frau und später erneut ihrem Ehemann von den Umständen seiner Verwundung berichtet. Ein wichtiges Merkmal der *Lais* ist schließlich die Tendenz zur symbolischen Verdichtung, die neben ›erzählerischer Pointierung‹[67] vor allem thematische Kohärenzbildung ermöglicht. Die prächtigen Betten in den das Wunderbare einschließenden Episoden gehören in diesen Zusammenhang, das Hemd und der Knoten in *Guigemar*, der Ring und die *paile roé* und vielleicht der Haselstrauch und die Esche in *Le Fresne*, die Haselrute und das Geißblatt in *Chievrefoil*, die Kleider Bisclavrets. Nur selten erlauben Erzählerkommentare eine

66 Philippe Ménard: *Les Lais de Marie de France*, Paris 1979, S. 202 ff., spricht von »esthétique de la brièveté«.

67 Ilse Nolting-Hauff: »Symbol und Selbstdeutung. Formen der erzählerischen Pointierung bei Marie de France«, in: *Archiv für das Studium der neueren Sprachen und Literaturen* 199 (1963), S. 26–33.

vereindeutigende Auslegung dieser ›Dingsymbole‹.[68] Ihre Prominenz in den *Lais* führt gleichwohl dazu, dass der narrative *lai* als mittelalterliche Vorform der Renaissance-Novellistik diskutiert wird.[69]

68 Siehe Micheline de Combarieu: »Les Objets dans les *Lais* de Marie de France«, in: *Marche Romane* 30 (1980), S. 37–48, und Nancy Warren Bradley: »Objects, possession and identity in the *Lais* of Marie de France«, in: *Romance Languages Annual* 6 (1994), S. 189–192. Vgl. auch Sarah Kay: *Courtly Contradictions: The Emergence of the Literary Object in the Twelfth Century*, Stanford (CA) 2001, insbes. S. 179–215.

69 Siehe etwa Hans-Jörg Neuschäfer: *Boccaccio und der Beginn der Novelle. Strukturen der Kurzerzählung auf der Schwelle zwischen Mittelalter und Neuzeit*, München 1969.